W0058319

# Kindheit am Rande der Verzweiflung

Bernd Siggelkow

# Kindheit am Rande der Verzweiflung

### Die fatalen Folgen
### von Lockdown und Isolation

 claudius

ClimatePartner°
klimaneutral

Druck | ID: 53248-1301-1001

# INHALT

—

## Vorwort

Schon mein ganzes Leben hatte ich mit herausfordernden Situationen zu tun. Selbst meine eigene Kindheit, die von Armut und Beziehungslosigkeit geprägt war, wurde zum ständigen Überlebenskampf. Danach begleiteten mich jahrzehntelang Kinder mit ähnlichen Schicksalsschlägen, und das alles ließ 1995 das christliche Kinder- und Jugendwerk „Die Arche" entstehen. Mit der Gründung dieser Hilfsorganisation startete auch der Kampf gegen Kinderarmut und für mehr Chancengleichheit. Im Jahr 2001 wurde der erste Armuts- und Reichtumsbericht der Bundesrepublik veröffentlicht und es wurde bekannt, dass 1,2 Mio. Minderjährige in finanzieller Armut aufwachsen müssen. Ich dachte, dass jetzt, nach diesem Bericht, etwas passieren wird.

Heute, 20 Jahre später, haben sich diese Zahlen verdreifacht und unser Kampf umso mehr vervielfacht. Die Bildung unserer Kinder ist abhängig vom Einkommen der Eltern und Hunderttausende Kids machen so eine abgehängte Generation aus, die niemals eine Chance haben wird, dem Kreislauf der Bildungsferne zu entkommen.

Als ich am 16. März 2020 die Archen in Deutschland, aufgrund des verordneten Shutdowns, schließen musste, öffnete sich mir ein düsteres Bild. Über Nacht durfte kein Kind mehr in unser „Rettungsboot" kommen. In den Schulen fehlten die Konzepte für Homeschooling und das Voranbringen der Digitalisierung. Bedingt durch den verordneten Lockdown stieg die Gefahr von häuslicher Gewalt und sexuellem Missbrauch. Die finanziellen Herausforderungen durch Hamsterkäufe und Verteuerungen der Lebensmittel würden besonders benachteiligte Familien treffen. Über Nacht würden wichtige Ansprechpartner und einige Hilfsorganisationen im Nirwana verschwinden.

In mir wuchs stetig die Frage: „Wer ist jetzt noch da? Wer steht den gefährdeten Kindern

zur Seite? Wer sorgt dafür, dass diese abgehängte Generation nicht ganz verloren geht?
Wer versorgt jetzt die bedürftigen Familien
und steht ihnen moralisch bei?"

Die Arche wurde für Tausende Menschen
zum Krisenbewältiger, musste aber dennoch
zusehen, wie ein Sozialsystem versagt, das eine
große Gruppe von Menschen scheinbar nicht
auf dem Schirm hat.

Monatelang zogen sich Lockdown und Einschränkungen hin, die nicht ohne Folge für die
junge Generation blieben. Sie wurde nicht einmal gefragt, was sie beschäftigt oder was sie sogar ändern würden.

In dieser Zeit erlebte ich „Kindheit am Rande der Verzweiflung" und häufig stieg in mir
die Wut. Ich stand einer ohnmächtigen Politik
gegenüber.

Im Mai 2021 setzte die Kriminalstatistik all
dem noch die Krone auf. Die Befürchtungen
von Sozialverbänden und auch von mir wurden leider bestätigt. Misshandelte, geschlagene
und geschundene Kinder, selbst ein Anstieg der

Tötungszahlen an Kindern war nur die Spitze des Eisbergs. Psychologen, die nur noch Kinder behandeln können, die stark suizidgefährdet sind, weil der Andrang gewaltig ist und ein Ende ist noch lange nicht in Sicht.

In Hunderten von Medienberichten und eigenen Pressemitteilungen versuchte ich an Gesellschaft und Politik zu appellieren, unsere Kinder nicht zu vergessen und mit politischen Hilfspaketen nicht bis nach Corona zu warten. Scheinbar wurde alles überhört, selbst konstruktive Vorschläge.

Ja, wir haben Kinder auf dem Gewissen und müssen mit vielen Spätfolgen rechnen, weil wir scheinbar aus all dem wenig gelernt haben.

All das hat mich bewegt, dieses kleine Buch zu schreiben. Auf der einen Seite als Hilfeschrei, auf der anderen Seite, um niemals zu vergessen, wie unsere Kinder gefühlt haben und fühlen. Aber auch um deutlich zu machen, welchen Stellenwert Kinder haben, die immer wieder mit Entbehrungen fertig werden müssen.

Ein Kind ist ein schützenswertes Geschöpf, für das wir alle Verantwortung tragen. Und jetzt müssen wir alle Hebel in Bewegung setzen, dass die Zukunfts- und Entwicklungschancen dieser Kinder nicht schon wieder übersehen werden.

Es geht in diesem Buch nicht um Schuldzuweisung, aber es geht darum, endlich zu erkennen, dass wir in der Bringschuld für unsere nachwachsende Generation sind.

## 1. Benachteiligte Kinder
   vor dem Kollaps

Es ist der 12. März 2020. Die Nachrichten machen mich wahnsinnig. Stündlich werden Meldungen von einem bevorstehenden Lockdown veröffentlicht. Fast im gleichen zeitlichen Abstand rufen mich meine Einrichtungsleiter*innen aus ganz Deutschland an und fragen, ob wir von dieser bevorstehenden Schließung auch betroffen sind. Immer wieder ist meine Antwort: Nein, wir lassen die Arche so lange auf, bis wir die Anordnung der Bundesregierung erhalten. Auch wenn mir bewusst ist, dass man für uns und unsere Kinder keine Ausnahme machen kann, male ich mir aus, was es bedeuten würde, wenn wir unsere Archen für eine bestimmte Zeit schließen müssten.

4500 Kinder, die dann ab sofort nicht mehr kostenlos zu Mittag essen können, keine Hausaufgabenhilfe, keine musikalischen und sportlichen Veranstaltungen mehr, keine liebevollen

Umarmungen bekommen, all das, was unsere Kinder doch so sehr brauchen. Meine Gedanken spielen verrückt. Ich möchte „unsere" Menschen nicht alleinlassen.

Es ist Freitagvormittag und die Schließung der Einrichtungen unumgänglich. Die Bundesregierung teilt den vollkommenen Shutdown mit und kündigt die Schließung aller Schulen und Kindertageseinrichtungen für den folgenden Dienstag an. Schweren Herzens übermittle ich all meinen 27 Einrichtungsleiter*innen, dass wir noch bis Mittwoch die Einrichtungen offen lassen, auch mit dem Risiko, dass wir Ärger bekommen.

Innerhalb weniger Stunden erarbeiten wir einen Plan B, denn Deutschlands vergessene Kinder dürfen jetzt nicht auch noch von ihrer Arche vergessen werden.

Eins ist in diesem Moment klar: Viele Familien werden durch diesen Beschluss an den Rand ihrer Existenz gedrängt. Gerade in Berlin, wo fast alle Kinder kostenlos in der Schule und in den Archen essen, werden erhebliche finanzielle Belastungen auf unsere Hartz 4-Familien zukommen. Kein Schulbetrieb bedeutet automatisch, dass wichtige soziale Kontakte fehlen werden und zudem viele Familien auf engstem Raum zusammenleben müssen. Probleme sind dadurch vorprogrammiert. Zum ersten Mal nach 25 Jahren Arbeit in sozialen Brennpunkten muss ich die wichtigste Anlaufstelle für unsere Familien schließen, was mir fast das Herz bricht.

In der Vergangenheit waren wir unseren Familien auch außerhalb der Öffnungszeit sehr nah. Hausbesuche, WhatsApp-Kontakte, Notruftelefone, die 24 Stunden erreichbar sind, haben über Jahre Vertrauen geschaffen und uns zu verlässlichen Ansprechpartnern gemacht.

Unsere erste Aufgabe ist jetzt zu ermitteln, ob wir alle Kinder während des Lockdowns telefonisch erreichen können und dies auch, wenn die SIM-Karte auf der anderen Seite kein Guthaben aufweist.

Wir haben noch vier Tage, um zu ermitteln, wie viele Kinder kein Smartphone haben. Da wo Bedarf ist, schauen wir, mit einem Handy aushelfen zu können. Kein Telefon bedeutet eben, nicht erreichbar zu sein. Schon oft mussten wir feststellen, dass unsere Kinder nicht nur simple Betreuung, sondern Freunde und Partner brauchen, die in allen Lebenssituationen erreichbar sind. Häufig sind die Arche-Mitarbeitenden der einzige „normale" und unterstützende Kontakt. Nicht selten konnten wir mit und ohne Hilfe des Jugendamtes familiäre Situationen verbessern.

Außerdem bekommen die Kinder Hausaufgaben gestellt, die sie online machen sollen. Auch dazu bedarf es zumindest eines Handys.

Online sein zu können – ohne digitale Endgeräte? Ohne Drucker? Ohne Druckerpatronen? Ohne schnelles Internet? Das Mobiltelefon ist hier ein einfaches Hilfsmittel, aber besser als keines. Ein paar Tage später wird sich noch herausstellen, dass wir innerhalb kürzester Zeit fast 200 Smartphones organisieren mussten. Über die sozialen Medien und Sponsorenaufrufe haben wir es letztendlich geschafft, unsere

Kids mit einem Handy zu versorgen. Erst später wurde uns bewusst, was allein die Erreichbarkeit ausmachte und wie viele Kinder tatsächlich das Mobiltelefon als einziges digitales Hilfsmittel für Schule und Recherche hatten.

Ein weiteres großes Problem stellt die Lebensmittelversorgung dar. Nicht nur Toilettenpapier und Desinfektionsmittel sind seit Tagen in den Supermärkten ausverkauft; auch die preiswerten Lebensmittel sind nicht mehr vorhanden. „Hamsterkäufe" ist das neue Schlagwort und das in einer sogenannten Wohlstandsgesellschaft. In der Wohlstandsgesellschaft sind in der Regel die Kellerregale mit Vorräten prall gefüllt, bei den armen Familien dieser Gesellschaft wohl eher nicht. Eine angstmachende Situation, die häufig den Haussegen schief hängen lässt – leider haben das viele nicht verstanden.

Den meisten von uns wird bekannt sein, dass die von Kinderarmut bedrohte Gruppe in der Regel Großfamilien, Migrationsfamilien und Kinder von Alleinerziehenden sind. Sie haben einen erhöhten Bedarf an Lebensmitteln aufgrund der Haushaltsgröße. Sie haben aber am Ende des Monats auch das wenigste Geld in ihrem Geldbeutel. Die leer gefegten Supermarktregale treffen diese Bevölkerungsschicht am stärksten. Somit stehen schon Tage vor dem angekündigten Shutdown unsere Telefone nicht still. Die Frage nach Unterstützung hören wir häufig. Dazu kommt, dass mittlerweile Eltern, die mit mehr als zwei Kindern einkaufen gehen, in den Geschäften von Kunden und teilweise dem Personal beschimpft werden. Kinderreichtum als Makel. Viele Eltern gehen gar nicht mehr von Geschäft zu Geschäft, um Preise zu vergleichen, sondern kaufen eingeschüchtert lieber die teuren Dinge und sparen sich so weitere Demütigungen.

An diesem Freitag bin ich ununterbrochen dabei, Lösungsansätze zu finden, die wir deutschlandweit in den Archen umsetzen können. Wir möchten nicht zusehen, wie Menschen, die am Rand der Gesellschaft stehen, auf den Abgrund zusteuern. Wir übersetzen die den Lockdown betreffenden Regierungsbeschlüsse in ein verständliches Deutsch, das auch bildungsfernen Familien zugänglich ist. Auch Übersetzungen in andere Landessprachen sind vonnöten, da viele Familien mit Fluchterfahrung völlig verängstigt und desorientiert sind.

Am Abend steht das Programm für eine „virtuelle Arche", die neben digitaler schulischer Hilfe auch ein Programm zur Beschäftigung unserer täglichen Besucher schafft, die ja jetzt nicht mehr in unsere Häuser kommen können. Telefon- und Broadcastlisten mit den Kontaktdaten von Eltern und Kindern sind eingerichtet. Alle sind erreichbar und können bei der Stange gehalten werden, denn bei vielen Personen treten bereits Ängste und auch Depressionen auf.

Aber auch unsere Vorratslager in den einzelnen Archen müssen mit Lebensmitteln gefüllt werden, damit wir jedem die Unterstützung zukommen lassen können, die dringend benötigt wird. Die nächsten Wochen werden nicht einfach, denn mehr als 6000 Menschen werden unser Hilfsangebot nutzen. Eltern, mit denen wir erst seit kurzer Zeit in Kontakt stehen, fassen aufgrund unserer Hilfsangebote schnell Vertrauen. Einige sind unverschuldet in Kurzarbeit oder Arbeitslosigkeit geraten.

Die Schulen und Geschäfte schließen, Ausgang ist nur in besonderen Fällen erlaubt. Das Hilfesystem kollabiert. Nur noch wenige Jugendämter sind erreichbar. Notfalltelefone sind meist besetzt, die Lage spitzt sich zu. „Die Tafel" stellt über Nacht überall ihren Betrieb ein. Die Menschen bleiben zu Hause. Die Ortschaften gleichen Geisterstädten.

Schnell ist ein neuer Begriff kreiert: systemrelevant. Ja, das sind wir auch. Alle Arche-Mitarbeitenden bekommen ein Schriftstück an die Hand, in dem ihre Systemrelevanz bestätigt wird. Sie können sich so frei bewegen. Frei, um Menschen zu helfen, die jetzt hinter ihren Wohnungstüren zu vereinsamen drohen. Doch „systemrelevant" ist mir zu wenig. Wir sind ja nebenbei auch noch „beziehungsrelevant", denn gerade in der Zeit, in der das Sozialsystem komplett heruntergefahren wird, braucht es Beziehungspartner. Beziehung zu Menschen halten, die sich vom System verlassen fühlen, die der Politik verdrossen sind, weil Politiker ihre Sprache nicht sprechen, die Angst vorm Jugendamt haben, da sie der Meinung sind, dort schnell als Versager abgestempelt zu werden. Menschen, die Hilfe suchen und immer erst ihre Bedürftigkeit nachweisen müssen, bevor überhaupt jemand mit ihnen redet. Eltern, Jugendliche, Kinder, die ihre Perspektive und ihr Selbstwertgefühl verloren haben und in der Gesellschaft häufig als Schmarotzer und asozial bezeichnet werden, brauchen keine neuen Formulare. Vielmehr brauchen sie Partner, die sie begleiten, stärken und ihnen Perspektive und Würde vermitteln.

Bereits am zweiten Tag des Lockdowns habe ich gemeinsam mit meinen Mitarbeiterinnen und Mitarbeitern insgesamt 1630 Familien besucht, um ihnen Lebensmittel und moralische Unterstützung zu bringen. Es waren Begegnungen vor der Wohnungstür mit 1,5 Meter

Abstand zueinander und vielen Tränen. Die Kinder, die sich auf unseren Besuch zu Hause freuten, durften uns nicht einmal zur Begrüßung die Hand geben. Kinder, die dies brauchen, da in ihrem Leben schon so viel kaputt gemacht wurde. Oft standen wir neben ihnen, doch nicht um zu trösten, sondern manchmal, um mitzuweinen.

Die Suche nach haltbaren Lebensmitteln und Hygieneartikeln wurde zum Kraftakt, aber auch die Suche nach Sponsoren stellte eine deutliche Herausforderung dar. Dennoch besuchten wir monatelang im Shutdown und in der Pandemie unsere Familien und immer mehr Kinder, die uns um Unterstützung baten. Die Telefone standen nicht still und immer mehr Hilferufe ereilten uns. Auch die schulischen Hilfen waren gefragter, mehr denn je. Noch bis zum heutigen Tag sitzen die Arche-Mitarbeitenden von frühmorgens bis spätabends am Mobiltelefon, um das neue Homeschooling zu unterstützen. Viele Eltern sind nicht in der Lage, ihren Kindern zu helfen. Nicht selten hörte ich, dass sich einige Lehrkräfte erst nach sechs Wochen bei ihren Schülern meldeten. Zusätzliche Probleme waren somit vorprogrammiert.

Unsere Arbeitszeiten verdreifachten sich und auch die Nächte waren nicht störungsfrei, denn immer mehr Eltern und Kinder meldeten sich, weil häusliche Probleme sie in die Enge und Verzweiflung trieben.

Und es sollte sich herausstellen, dass all das nur einen kleinen Anfang einer großen Ohnmacht darstellte, die zum Teil bis heute anhält.

## 2. Gewalt an Kindern ist in der Isolation vorprogrammiert

„Es ist gefährlich, wenn niemand mehr an den Türen von Familien klingelt", war meine Aussage, als viele Familien auf sich allein gestellt waren, nachdem der Lockdown nun amtlich war. Die Probleme wachsen mit der Größe der Familie. Drei, vier oder mehr Kinder in einer 70qm-Wohnung, verteilt auf vier Zimmer. Kein Rückzugsort für das Homeschooling oder gar zum Schutz vor Stress mit Geschwistern und Eltern. Keine Chance, Wutausbrüchen oder Eskalationen auszuweichen. Während des Lockdowns wäre es theoretisch für viele Kinder sicherer gewesen, in einem dunklen Park spazieren zu gehen, als sich im eigenen Kinderzimmer aufzuhalten. Vielleicht umschreibt das die heikle, neue Situation am besten.

In dieser angespannten Zeit wurde viel über Kinderschutz diskutiert. Experten, Fachleute und auch wir als Arche warnten immer wieder vor häuslicher Gewalt oder sogar sexuellen Übergriffen. Mit jedem Tag wurde die Luft nach oben dünner, denn stressresistent sind die wenigsten Menschen. Der Druck begann größer zu werden. Ein Ventil zum Ablassen des Drucks oder einen Knopf zum Abstellen gab es leider nicht immer und auch die vertrauten Ansprechpartner wurden immer weniger oder standen nicht zur Verfügung.

An einem Vormittag im Winter traf ich eine Gruppe von Kindern auf der Straße. Gerade wollte ich wieder Lebensmittel in eine Familie bringen. Ein Kamerateam und eine Journalistin begleiteten mich. Als das Stativ für die Kamera ausgerichtet wurde, um ein Interview mit mir vor der Hochhaussiedlung zu halten, kamen die mir bis dahin unbekannten Jungs auf uns zu. Neugierig fragten sie, was wir machen, und erkannten den Arche-Bus, mit dem wir gekommen waren. „Ach, der steht ja sonst immer vor unserer Schule und holt Kinder ab", sagte einer der Jungs. „Wir waren dort aber noch nicht." Die vier Jungen, etwa neun Jahre alt, waren mir nicht bekannt. Trotzdem kamen wir schnell ins Gespräch. Sofort fiel mir auf, dass einer der Jungen ein tiefblaues Auge hatte. Es sah aus, als wenn eine große Faust ihn mit massiver Gewalt dort verletzt hätte: „Puh, was ist mit deinem Auge passiert?", fragte ich den Blondschopf. „Ach nichts", sagte er, „mir ist nur ein Schlitten ins Gesicht gefahren." Die anderen schauten sich an, aber keiner kommentierte. Natürlich fragte ich nach, denn wie ein Schlittenunfall sah es augenscheinlich nicht aus. Zu markant waren die Abdrücke an seinem Auge. Der Junge blieb beharrlich bei seiner Aussage und relativ schnell war die kleine Gruppe wieder verschwunden.

Dieses kleine Erlebnis ließ mich gedanklich nicht los. Irgendwie hatte ich eine dumpfe Befürchtung und stellte mir vor, was gerade in vielen Haushalten los war. Nicht nur einmal klingelte mein Telefon nachts, weil eine überforderte Mutter um Rat bat oder ein Kind weinend ins Handy schluchzte, weil es mit der gesamten Situation nicht mehr klarkam. Die

Nerven lagen blank und dieser Zustand hat sich bei vielen Menschen nicht geändert. Es ist sicher nicht nur eine Hand, ein Fuß oder eine Faust, die in dieser angespannten Zeit ausgerutscht sind. Kinder, die schweigend in ihrem Zimmer leiden, stellen wohl eine bittere Wahrheit dar.

Im Mai 2021 veröffentlichte die Polizei eine Statistik, die einfach nur grauenvoll war. Die Dunkelziffer blieb offen und ließ weitaus Schlimmeres vermuten.

Im Jahr 2020, also während den Corona-Maßnahmen, stieg die Zahl der Kindesmisshandlungen um 10,8 Prozent von 4100 auf 4542 Fälle. Bei den unter 6-jährigen Kindern stieg die Zahl sogar auf 11,5 Prozent, das sind dann 1957 Kinder. Viel größer ist die Zahl der sexuell missbrauchten Kinder, deren Zahl zum Vorjahr um 6,1 Prozent stieg. 16921 Kinder, allein das ist unvorstellbar. Doch es kommt noch schlimmer: Über 152 erschlagene oder zu Tode geprügelte Minderjährige; 134 Kinder und Jugendliche überlebten einen Tötungsversuch, hiervon waren sogar 66 unter 6 Jahren.

Was für fürchterliche Zahlen. Das Zahlen-werk endet sogar mit der Tatsache, dass gerade im Bereich des sexuellen Missbrauchs von einer noch viel höheren Zahl ausgegangen werden kann.

Mich erschreckt hierbei natürlich, dass die Zahlen nur das belegen, was bekannt oder zur Anzeige gebracht wurde.

Da sind immer noch die vielen verschlosse-nen Türen, die Anonymität, das große Schwei-gen und die Scham. Zu lange waren Schüler, Kleinkinder, Jugendliche nicht in der Schule, in Freizeiteinrichtungen, Musikunterricht oder Sportvereinen. Ihre vertrauten Sozialpartner haben unter Umständen nicht die blauen oder roten Flecken gesehen, oder gar die gedrück-te und erdrückende Körperhaltung. Kein Prä-senzunterricht bedeutete automatisch auch, ein großes Stück Kontrolle bzw. Schutz zu verlie-ren.

Blaue Flecken vergehen, innere Wunden nicht. Wegschauen war nie die richtige Lösung, aber auch alles sich selbst zu überlassen nicht.

Wer es in Kauf nimmt, herausgeforderte Kinder alleinzulassen, muss damit rechnen, dass Kinder sterben. Ein Hilfesystem ist nur so gut, wie es im Krisenfall zum Schutz bereit ist.

Leider wurden viel zu häufig die Warnungen der Experten überhört. Deren Tenor lautete: Schließt nicht die Schulen, fahrt das Hilfesystem nicht runter und bleibt um Himmels willen ansprechbar für die Kinder. Offenbar wollte man sich nur irgendwie über die Zeit retten. Die Tatsache, dass sich Kinder schlagen, sexuell misshandeln oder gar demütigen lassen müssen, zählt zu den Abgründen einer Gesellschaft. Oft habe ich mir die Frage gestellt, wie häufig man rufen muss, bis jemand hört?

Von März 2020 bis Mitte 2021 war ich Gesprächspartner in bestimmt 500 Fernsehsendungen, Radiointerviews und Zeitungsberichten. Neben Kinderschutzorganisationen und Kinderschützern habe ich Hunderte Male appelliert, den Kinderschutz transparenter und durchlässiger zu machen, und war infolgedessen total schockiert, wütend, enttäuscht und entsetzt über die später erschienene Statistik der Polizei. Immer wieder habe ich mich sagen gehört: „Es müssen erst Kinder sterben, bis reagiert wird." Und wurde reagiert?

Solche Zahlen sind schockierend und man möchte die Schuldigen suchen, doch ist so ein Thema häufig nur eine neue Schlagzeile.

Seit nunmehr 26 Jahren Arche-Arbeit frage ich mich: Was ist ein Kind wert?

Jeder muss hierauf eine Antwort für sich selbst finden, doch ich habe ein klares Statement: Kinder sind unser größtes Geschenk. Wir müssen alles zur Förderung und zum Schutz für sie unternehmen. Eine Gesellschaft oder auch die Politik, die ihre Kinder vernachlässigt oder vergisst, wird irgendwann auch vergessen werden.

## 3. Kann Bildung ein Weg aus der Armut sein?

In unserer Gesellschaft ist die Bildung eines Kindes abhängig vom Einkommen der Eltern und häufig leider auch vom Förderverein der entsprechenden Schule. Gerade bei Kindern aus benachteiligten und bildungsfernen Familien zieht sich hier ein unglaubliches Problem durch die gesamte Familienbiografie.

Armut wird vererbt, desgleichen leider auch Bildungsferne, denn in einem Land, in dem außerschulische Nachhilfe Geld kostet, bleiben Schüler auf der Strecke, die von Transferleistungen leben müssen.

Hierzu hat die Bundesregierung vor einigen Jahren ein Bildungs- und Teilhabepaket auf den Weg gebracht, um dieses Defizit zu bekämpfen. So konnten Eltern, die auf Sozialhilfeniveau lebten, für ihre Kinder bis zu 120 Euro jährlich für entsprechende Förderung beantragen. Mittlerweile wurde diese Summe auf 150 Euro erhöht.

Überall in Deutschland schießen Nachhilfe- und Hausaufgabenhilfeangebote wie Pilze aus dem Boden. Selbst in der Radio- und Fernsehwerbung hört man, wie schnell sich ein Schüler um mindestens eine Note verbessern kann – selbst mit Geldzurückgarantie.

Großartig, besonders für die Lernenden, deren Eltern sich dieses Angebot leisten können und wollen. Bei meinen Recherchen fand ich heraus, dass das günstigste Angebot der Schülerhilfe bei 8,50 Euro pro Stunde liegt. Geht man davon aus, dass ein Kind, das zum Beispiel von Hartz IV lebt, nur in einem Fach schulische Unterstützung braucht, reichen die von der Regierung veranschlagten 150 Euro im Jahr gerade einmal für 18 Stunden – das wären 1,5 Stunden pro Monat. Ich frage mich, was das in letzter Instanz bringen soll.

Schon seit vielen Jahren kritisiere ich das föderale Bildungssystem – aber auch, dass sich das Schulsystem nicht an den Bedürfnissen der Kinder und Jugendlichen orientiert. In unseren Schulen gibt es leider keine individuelle Förderung. Gerade in Ballungsgebieten orientiert sich die Lehrkraft am mittleren Durchschnitt. Somit bleiben schwache, aber auch ganz starke Schüler*innen auf der Strecke. Außerschulische Nachhilfe kostet Geld, die sich Kinder, deren Eltern von Transferleistungen leben, nicht leisten können. Diese Defizite „formen" viele Kinder leider in die falsche Richtung.

In der Zeit der Corona-Einschränkungen kam dann das ganze System ins Wanken und es wurde noch deutlicher, wie abgehängt viele unserer Kinder tatsächlich sind.

Die erste große Herausforderung stellte sich im März 2020 heraus, als alle Schulen und Kindertagesstätten schließen mussten. Alle Schüler*innen bekamen Aufgaben mit nach Hause. Hier sollten sie gelöst werden, ob mit Unterstützung der Eltern oder eben allein. Es gab einen Auftrag, von den Lehrkräften ausgesprochen und in einem bestimmten Zeitrahmen zu erledigen. Man ging davon aus, die Pandemie sei im Handumdrehen bekämpft. Viele Lehrer*innen zogen sich zurück in ihren eigenen Schutzraum, ohne darüber nachzudenken, wie es wohl den Schüler*innen ergehen wird. In vielen Brennpunktschulen deutete sich eine große Ohnmacht an. Einige Lehrer*innen, die sich schon immer extrem für ihre Schüler*innen einsetzten, versuchten alles, um in Kontakt mit den Kindern zu bleiben. Sie erarbeiteten schnelle Lösungen und waren kreativ. Aber zum Großteil blieb es still. So still, dass Lehrer*innen und Schulen sich in sechs Wochen nicht ein einziges Mal bei den Familien meldeten.

Als sich dann herausstellte, dass an einen Regelunterricht nicht so schnell zu denken war, wurde das Arbeitsmaterial für die Kinder auf unterschiedlichste Art und Weise ausgegeben und später wieder eingesammelt. Ein einheitliches System gab es da nicht. Selbst innerhalb einer Schule wurde es in den verschiedenen Klassen auch unterschiedlich gehandhabt. Trotz dieser Schwierigkeiten musste das Lernen ja weitergehen und der Begriff Homeschooling wurde kreiert. „Schule zu Hause" – was viele

Jahre verpönt war, sollte nun doch umgesetzt werden. Von wem und wie?

Noch einmal brach das große Durcheinander aus. Schulen mit entsprechendem Background, wie zum Beispiel einem potenten Förderverein oder vorangeschrittener Digitalisierung, kamen mit innovativen Lösungsansätzen des Weges. Doch an anderen Schulen wiederum wusste teilweise der eine Lehrer nicht, was der andere machte. Viele von ihnen waren alleingelassen. Zu wenig unterstützendes Personal, zu wenig finanzielle Mittel, zu wenig Ideen und eventuell zu wenig politisches Hinsehen der Bildungsminister*innen. Für meine Mitarbeiter*innen und mich war das eine harte Zeit, denn wie so oft wandten sich ratlose Eltern an uns. Von ihnen wurde teilweise erwartet, dass ihre Kinder am Computer die Hausaufgaben machen. Die Aufgaben dazu sollten ihnen online zugestellt werden, obwohl viele nicht einmal einen PC, geschweige denn eine E-Mail-Adresse besaßen.

Eine Schule zum Beispiel teilte den Eltern

ziemlich kurzfristig mit, dass alle Aufgaben am Tablet oder Laptop gemacht werden müssen und wer über keine entsprechenden Endgeräte verfüge, könne eben nicht unterrichtet werden.

In einer anderen Stadt wurden wir – als Arche – im Mai 2020 von der Schulleitung gebeten, alle Schüler*innen mit Laptops zu versorgen, was uns natürlich nicht möglich war. Dennoch stellten wir dort, in einer sehr auffälligen Klasse, 24 Laptops zur Verfügung, damit wenigstens diese Schüler*innen gefördert werden konnten.

Auch die Frage, ob die Eltern Druckerpatronen haben oder sie finanzieren können, stellte kein Verantwortlicher. Vieles wurde einfach vorausgesetzt und gerade da wurde klar, dass die seit Langem geforderte Digitalisierung in unserem Land kaum einen Schritt weitergekommen ist. In 12 Monaten statteten wir 1000 Schüler*innen mit Tablets und Laptops aus, damit diese sonst abgehängten Kinder wenigstens ein wenig dem Unterricht folgen oder die Hausaufgaben machen konnten. Mitkommen konnten viele leider schon aus dem Grund nicht, weil das Internet in vielen Haushalten zu langsam war.

Alleinerziehende Mütter mit drei Kindern, die alle gleichzeitig das Internet nutzen sollten, waren keine Seltenheit. Aber nicht nur sie, auch andere Elternpaare mussten häufig einen Spagat schaffen, der schier unmöglich schien.

Wie soll man Kinder unterrichten, wenn man keine Ausbildung hierfür hat, denn Homeschooling bedeutete nicht nur Hausaufgaben machen. Was in bildungsnahen Familien schon häufig eine Herausforderung darstellte, wurde in bildungsfernen Schichten zur Katastrophe.

Wir mussten leider feststellen, dass viele unserer Kinder im Februar 2020, also vor dem ersten Lockdown, besser in der Schule waren als im Sommer 2021, nachdem die Probleme im Bildungssystem sichtbar waren und die Schere zwischen Arm und Reich und die Chancenungleichheit extrem gewachsen ist.

Selbst Schulanfänger*innen, die nur wenige Wochen zur Schule gehen konnten, weil der nächste Shutdown folgte, hatten nie die Chance, das Lernen zu lernen und Struktur im Schulalltag zu erfahren. In einem oder zwei Jahren werden wir sehen, was aus ihnen geworden ist, denn wem die Grundkenntnisse fehlen, der braucht sich um die Zukunft nicht mehr zu scheren.

Vonseiten der Politik hörte man leider relativ wenig, außer dass die Digitalisierung so schnell wie möglich vorangebracht werden sollte. Eltern sollten beim Jobcenter Endgeräte beantragen können, wenn sie bedürftig wären. Doch wer die Technik in den Familien einrichten und installieren solle, das wurde nicht bedacht, dazu gab es dann keine Beschlüsse.

In Bremen wurden vorbildlich dann doch alle Schüler*innen mit I-Pads ausgestattet und eine Firma übernahm kostenlos die Installation und den Service. Leider ist kein weiteres Bundesland diesem Beispiel gefolgt.

Monatelang habe ich dafür plädiert, Lehramtsstudierende in unserem Schulsystem einzusetzen, um die Lehrer*innen und Eltern zu unterstützen. Hier hätte man relativ unkompliziert schnelle Hilfe leisten können. Gerade an Brennpunkten mit hohem Migrationsanteil, sozialen Herausforderungen, schlechtem Bildungsstand und Gefährdungen hätten diese Studierenden große Lücken schließen und so viele Schüler*innen fördern können. Nebenbei hätten sie sogar eine Menge für ihr Studium lernen oder eine neue Studie auflegen können.

Nur das Bundesland Mecklenburg-Vorpommern folgte meiner Empfehlung. Die Schulen in Mecklenburg-Vorpommern erhalten in Zeiten der Pandemie Unterstützung für zusätzliche individuelle Förderung ihrer Schüler*innen. Die Corona-bedingten Einschränkungen an den Schulen haben zu Lernlücken geführt. Bildungsministerin Bettina Martin bringt deshalb ein Unterstützungsprogramm auf den Weg, das auf drei Säulen basiert, u.a. die Einsatzmöglichkeit für Lehramtsstudierende in Schulen.

Heute denkt man über Schritte nach, um die Lerndefizite auszugleichen, die aber die Kinder, die ohnehin schon am Ende der Kette hängen, letztendlich bestrafen. Die Überlegungen sehen vor, Kinder und Jugendliche eine Ferienschule besuchen zu lassen. Also sollen sie in den Ferien lernen, während alle anderen, die ohne Probleme die Schulzeit überstanden haben und in einem günstigeren Umfeld leben, Urlaub machen. Sie sollen gegebenenfalls die Klasse wiederholen, anstatt eine individuelle Förderung zu erhalten. Bildung ist der Schlüssel aus der Armut? Vielleicht ist fehlende Bildung der Weg in die Armut. Was lassen wir uns ein Kind kosten? Züchten wir uns bewusst Verlierer heran oder nehmen wir im Land der Dichter und Denker in Kauf, dass es immer eine „Gruppe" geben muss, die ihre Armut und auch Bildungsarmut vererbt?

Unser Bildungssystem, so viel scheint in der Zwischenzeit klar geworden zu sein, ist nicht gewappnet, um eine Pandemie oder eine Katastrophe zu überstehen. Ich habe oft das Gefühl, dass wir viele Familien alleinlassen und die Hoffnung in uns tragen, dass sich schon alles von allein regeln wird.

Wenn wir unser Bildungssystem auf den Prüfstand stellen, dann wird nicht erst Pisa 4 oder 5 beweisen, dass wir auf einem sehr zerbrechlichen Ast sitzen.

## Hamsterkäufe und ihre Folgen

Wenn irgendwo in unserer zivilisierten Welt eine Katastrophe passiert, terroristische Anschläge drohen oder ein anderes zwielichtiges Ereignis sich ankündigt, neigen Menschen auch und gerade in unserer hochzivilisierten und vergleichsweise wohlhabenden Welt dazu zu hamstern. Wohl dem, der dann über genügend Lager- oder Kellerräume verfügt, um alles zu horten, was im Leben und vor allem im Krisenfall wichtig ist.

Warum Anfang des Jahres 2020 bei Bekanntgabe der Corona-Pandemie das Toilettenpapier ausverkauft war und normal denkende Menschen sich einen unüberschaubaren Vorrat zurücklegten, verstand im Grunde kein Mensch.

Doch bei Toilettenpapier sollte es nicht bleiben. Über Nacht waren Desinfektionsmittel, Feuchttücher und andere Hygieneartikel ausverkauft und viele Menschen suchten vergeblich, ihren Bedarf zu stillen.

Leider deckte sich auch ein Großteil der Bevölkerung mit Lebensmitteln ein und obwohl diese über entsprechendes Kleingeld verfügten, wurden gerade die günstigen Lebensmittel vermehrt eingekauft.

Viele Lebensmittelgeschäfte und Supermärkte glichen einer Geschäftsruine, denn die Regale waren so leer, als hätte der Markt Betriebsferien. Nudeln, Reis, Mehl, Konserven, Kaffee, sogar Windeln und Zewa-Tücher waren wie vom Erdboden verschwunden.

In diesen Tagen suchten viele bedürftige Familien vergeblich nach bezahlbaren Lebensmitteln und Hygieneartikeln. Das wenige Geld reichte oft nicht aus, um den Bedarf zu decken, den viele Familien hatten. Mit dem ersten Lockdown schlossen auch viele Stellen der Lebensmittelausgabe „Die Tafel". Kostenloses

Essen in der Schule und den Archen brach über Nacht weg. Menschen standen am Rande der Verzweiflung und weder ihr stiller noch ihr lauter Schrei wurde gehört – von wem denn auch.

Sich gesund zu ernähren, war für finanziell belastete Familien ja schon immer sehr schwierig, aber in dieser Zeit ein Ding der Unmöglichkeit. An vielen Türen habe ich mit verzweifelten Müttern gesprochen, die teilweise unter Tränen erzählten, wie schwierig die Situation war.

Selbst das Einkaufen mit mehreren Kindern war nicht möglich. Nicht nur einmal wurden alleinerziehende Mütter, die sich mit ihren drei oder vier Kindern in den Supermarkt aufmachten, von anderen Kunden beschimpft oder gar des Geschäftes verwiesen.

Eine Mutter von zehn Kindern, die an einem Nachmittag mit fünf ihrer Schützlinge unterwegs war, wurde von der Polizei nach Hause geschickt. In ihrem Schock konnte sie nicht einmal erklären, dass es sich um ihre eigenen Kinder handelte. Aus Angst und Scham verließ die Familie wochenlang nicht ihre Wohnung. Erst durch unseren Hausbesuch fasste die Mutter neuen Mut.

Aber nicht nur die mangelnden Lebensmittel sollten Folgen haben, sondern auch der Bewegungsmangel durch Isolation, geschlossene Sportvereine, den ausgefallenen Sportunterricht und die Schließung aller Spielplätze. Die einzige Beschäftigungsalternative: Fernseher und Spielkonsole. Keine Tagesstruktur, kein Druck, keine Aufgabe, nur Langeweile, Frust und teilweise wachsende Ohnmacht. Die Nacht wurde zum Tag und irgendwann konnte auch das Datum oder der Wochentag nicht mehr benannt werden. Manchmal habe ich in der Instagram- oder WhatsApp-Story Kinder in der Nacht um 2.30 Uhr auf der Straße gesehen. Sie hatten bis nachmittags 14.00 Uhr geschlafen, dann vor dem Computer gezockt, bis spätabends ferngesehen und irgendwann gegen Mitternacht kurz an die frische Luft, danach ins Bett. So verging der Tag, die Woche, der Monat.

Als Alternative zu den überteuerten Lebensmitteln wurden Chips und Billigcola als Überbrückungshilfe konsumiert. Die Folgen dieser Ernährungsweise waren vorprogrammiert. Während der Zeit der Schulschließungen haben wir Kinder gesehen, die in wenigen Wochen zwischen 10 und 25 kg an Körpergewicht zugenommen hatten. Die Gesichtsfarbe so weiß wie ein Bettlaken. Das Sonnenlicht fand seinen Weg in die Kinderzimmer nicht. Wie viele dieser Kinder in den nächsten Jahren körperliche Folgeschäden haben werden, können nur Wissenschaftler oder Mediziner ans Tageslicht bringen, dort wo die Kids eigentlich sein sollten.

Auch wenn über die Wochen die Regale in den Supermärkten wieder gefüllt wurden und Toilettenpapier & Co. wieder Einzug hielten, gab es einen massiven Preisanstieg. Was zuerst nur bedingt sichtbar war, wurde in den letzten Tagen und Wochen ziemlich eindrücklich. Im April 2021 stieg allein der Preis für Paprika um 300 Prozent und auch viele weitere Lebensmittel verteuerten sich um 30 – 40 Prozent. Was der Normalbürger nur schleppend merkt, ist für diejenigen, die jeden Cent viermal umdrehen müssen, umso herausfordernder. Wenn ich nur 50 Euro für den Wocheneinkauf habe, spielt es schon eine große Rolle, ob die Konservendose 1,50 Euro oder 1,85 Euro kostet.

Selbst die Sonderzahlungen von Kindergeld, das zum ersten Mal auch Hartz IV-Empfänger*innen erreichte, konnte nicht im Ansatz das ausgleichen, was den Familien an Last aufgelegt wurde.

Täglich rufen uns sorgende Eltern an und fragen nach Lebensmitteln, sogar nach Obst und Gemüse. Ich betone das extra, da nicht alle bedürftigen Menschen nur von Chips und Cola leben.

Die Verteuerung, die Perspektiv- und Hilflosigkeit führen bei vielen zu erheblichen psychischen Schäden, die noch lange nicht sichtbar sind. Ein Großteil der Menschen, mit denen wir arbeiten und die wir kennen, suchen nicht den Psychologen auf, sondern versuchen ihren

Kampf ums Überleben selbst zu meistern. Oft werden sie als Schmarotzer unserer Gesellschaft bezeichnet, weil sie vielleicht keiner Arbeit nachgehen oder nachgehen können. Oft werden alleinerziehende Mütter von Teilen der Gesellschaft verurteilt. Meine Tagebucheinträge sollten auch ein gesellschaftlicher Hilferuf sein, denn gerade in den Zeiten des Lockdowns habe ich immer wieder erleben müssen, wie viele Menschen nur ihre eigenen Vorteile und Fehler beim anderen suchten. Sei es an den Lebensmittelkassen, wenn zwei Kinder mit ihrer Mutter in der Schlange warteten und von anderen Personen beschimpft wurden, dass so viele Personen aus einem Haushalt einkaufen gingen, was doch ein Unding sei. Oder wenn Anwohner aus dem Fenster brüllten, als zufällig doch mal ein paar Kinder auf der Straße spielten. Leider liegt Deutschland in der Statistik der Kinderfreundlichkeit auf einem der hinteren Plätze und es wäre wünschenswert, wenn sich dies ändern würde. Kinder sind im Grunde unsere größte Chance.

## *Tagebuch am 30. März 2020*

Ein relativ ruhiger Tag geht zu Ende. Heute Morgen saß ich noch mit meinen Mitarbeiter*innen in der Besprechung und teilte meine Sorgen bezüglich der Osterfeiertage mit. Ich fragte, ob jemand bereit wäre, mit mir die Kinder mit Osterüberraschungen zu besuchen, und war überwältigt, dass fast alle mitmachten. Da werden die Kids staunen, wenn wir sie alle am Ostersonntag besuchen. Die besten Mitarbeiter der Welt arbeiten eben in der Arche. Einige Besuche mit Lebensmitteln bei Familien bereiten große Freude. Es ist so wichtig, nicht nur das Notwendigste zu bringen, sondern Zeit zum Zuhören und Austausch zu haben und besonders den Kindern ein Lächeln zu schenken. Nebenbei haben wir noch entschieden, dass wir jedem Kind zu seinem Geburtstag eine Torte bringen, damit diese „geschlossene" Zeit doch ein wenig Leuchten in die Augen zaubert. Am Nachmittag fragte mich die Journalistin, die mich den ganzen Tag mit einem Kamerateam begleitete, wer wohl mehr Spaß im Live-Chat hat, die Kinder oder ich. Ganz ehrlich? Es war wie immer sehr lustig und ich finde es so schön, dass mittlerweile ganze Familien während dieser Zeit vorm Bildschirm sitzen, um mit uns interaktive Rätsel zu lösen oder einfach nur mitzulachen, in der virtuellen Arche. Nachdem alle gegangen waren, stand für mich noch eine Lebensmittelversorgung auf dem Plan. Kurzer Small Talk und dann zurück, auch mein Hund braucht ein wenig Auslastung. „Komm schnell noch mal zurück", schrieb jemand aus der Familie, die ich nur 15 Minuten vorher besucht hatte. Also nach einigen Nachfragen noch mal zurück, ich wusste ja nicht, ob es bedrohlich oder erfreulich war. Oben angekommen erwarteten mich noch einmal die strahlenden Kinder. Eine vollgepackte Tüte mit einem Osterhasen, ein Paar Kerzen, Süßigkeiten und viele selbst gemalte Bilder überreichten mir diese unglaublichen Kids. „Danke, dass du immer für uns da bist und auch alle anderen Mitarbeiter." Wow, ich weiß, warum ich meine Aufgabe und vor allem alle diese Kinder so liebe.

### 31. März 2020

Das Schlimmste an so einem Tag wie heute sind die vielen Nachrichten der Kinder, wie zum Beispiel: Du fehlst mir. Wir vermissen euch. Es ist so langweilig ohne euch. Kannst du jetzt schnell vorbeikommen?

Man kann gar nicht so schnell antworten, wie die Fragen eintrudeln. So viele virtuelle Herzen, die wir von den Kindern gesendet bekommen, konnten wir gar nicht mehr zählen und jeden Tag wird es schwieriger. Heute stand eine unglaublich lange Schlange an einer Berliner Sparkasse. Die Menschen und auch die Bedürftigen haben wieder Geld bekommen. Doch in dieser herausfordernden Zeit merkt jeder, dass Geld nicht das Wichtigste im Leben ist. Die soziale Isolation führt in vielen Familien zu Spannungen und wir müssen in diesen Tagen sehr sensibel mit den Nachrichten der Kinder und Eltern umgehen. So häufig muss man zwischen den Zeilen lesen können, um dann schnell die richtigen Maßnahmen zu ergreifen. Ich bin Gott von Herzen dankbar, dass wir bis jetzt sehr kreativ und ideenreich waren. Wir hatten schon die eine oder andere kritische Situation. Umso mehr habe ich mich heute gefreut, als ein 11-jähriges Kind nach Beschäftigungsspielzeug für die dreijährige Schwester bat, weil sie der Langeweile und dem Druck ausweichen wollten. Mein Besuch an der Haustür wurde hinausgezögert, nur um noch ein wenig länger zu kommunizieren, zuzuhören und vielleicht den Augenblick zu genießen. Strahlende Kinderaugen sagen mir wortlos, dass man mit einem 15-minütigen Besuch den Unterschied machen kann. Ein Junge reichte mir die Hand, die ich schweren Herzens abweisen musste. Auf die Frage nach dem Warum antworte ich nur: Corona. Die Antwort kam wie aus der Pistole: Ach ja, Scheiße. Auch wenn die Berliner Straßen an vielen Orten menschenleer sind, ist mein Kopf umso voller, mit Gedanken, Sorgen, Liebe und Gebeten für jeden Einzelnen, der uns gerade jeden Tag persönlich oder virtuell begegnet.

## 1. April 2020

Heute war es sehr nasskalt. Ich war auf der Suche nach zwei Kindern, die wir bis heute nicht erreicht hatten. Unsere Mitarbeiter kannten nur Vor- und Nachnamen sowie den Straßennamen. Ich lief die Hausnummern nacheinander ab und prüfte jedes Klingelschild, aber sie waren nicht dabei – frustrierend. Ich stellte eine Anfrage in unserer Kinder-WhatsApp-Gruppe und ein Junge konnte mir helfen. Falsche Straße – eine andere war es. Doch der Name stand auch hier an keiner Klingel. Ich blieb hartnäckig und nach eineinhalb Stunden stand ich endlich an der nunmehr geöffneten Wohnungstür, übergab kleine Geschenke und fragte nach dem Befinden. Der Blick in die Wohnung war unbefriedigend und mir wurde klar, dass wir hier nach der Krise noch ganz anders helfen müssen, aber jetzt will ich erst mal Vertrauen aufbauen. Auch mein nächstes Ziel war ein deprimierender Ort. Eine Familie mit sechs Kindern im Flüchtlingsheim – wo wirklich niemand leben möchte. Eine riesige Gewerbeimmobilie mit Massen an Menschen und das Wachpersonal schaut nur grimmig. Keine Emotionen, nichts Freundliches. Mutter und Tochter freuten sich, mich zu sehen, und gingen mit einem Lächeln und schweren Tüten zurück an diesen trostlosen Ort. Frustriert belud ich nochmals mein Auto mit Lebensmitteln und Spielzeug für die Reinickendorfer Arche, in der mich eine sehr liebe Journalistin erwartete, die ich bereits seit neun Jahren kenne. Unser Gespräch baute mich wieder auf und noch mal wurde mir bewusst, dass es egal ist, wo man wohnt und wie man lebt. Es ist nur wichtig, dass man Menschen hat, auf die man sich verlassen kann und die einem nachgehen, egal wo und in welcher Lebenssituation man steckt.

Ich habe mal gesagt, dass ich möchte, dass sich jedes Kind in der Arche so wohlfühlt, als wäre es das einzige. Jetzt müssen und wollen wir es auch außerhalb der Arche vermitteln.

### 22. April 2020

Heute Abend habe ich überlegt, kein Tagebuch zu schreiben, da der Tag so unglaublich voll war, dass ich immer noch nicht weiß, wo mir der Kopf steht. Gefreut habe ich mich über einige Kinder, die heute kurz nacheinander in der Arche waren, um ein Smartphone, ein paar Lebensmittel und ausgedruckte Hausaufgaben abzuholen. Die kleine Bana hat sich so über ihr neues Handy gefreut, dass sie vor Freude beinahe in die Hose gemacht hätte.

In Rostock hat in dieser Woche der Zoo wieder eröffnet und einige Familien aus der Rostocker Arche haben von uns Freikarten bekommen. Einige waren noch nie dort. Welche Freude. Auf der anderen Seite haben wir uns wieder einmal über das Schulsystem geärgert und was alles vorausgesetzt wird. Viele unserer

„abgehängten Familien" können das gar nicht leisten. Eine alleinerziehende Mutter wird zur Homeschooling-Lehrerin? Das kann nicht gut gehen.

Als ich heute einer Familie Lebensmittel brachte, standen die zwei Jüngsten auf der Straße und erwarteten mich mit selbst gebackenen Waffeln. „Anders kann man dir ja in dieser Zeit leider nicht danken", sagte die Mama. Bei manchen Gesprächen an der Haustür sind die wenigen verbindenden Worte schon ein Segen für manche Eltern, die derzeit alle Hände voll zu tun haben. Jeden Tag entdecken wir neue Probleme, die die Coronakrise mit sich bringt. Kein Drucker in der Familie bedeutet, keine Hausaufgaben ausdrucken zu können. Lösung: Ein Archemitarbeiter holt den USB-Stick ab, druckt alles in der Arche aus und bringt es zurück. Heute kam eine Mutter mit einer Zwangsvollstreckung wegen Handyschulden. Sie versteht nur wenig Deutsch und wir haben versucht, alles für sie zu klären, aber KEINE LÖSUNG. Dann war ich noch kurz bei einer Familie zu Hause, deren Tochter seit einigen Tagen nicht mehr spricht, also nur noch mit Mama und Papa. Ich fuhr mit, weil ich eigentlich einen guten Draht zu ihr habe. Als wir ankamen, strahlte sie mich an, sagte aber die ganze Zeit keinen Ton. Sie lief zum Fernseher, der schon seit Wochen ununterbrochen läuft. Lösung: Für sie muss die Arche dringend wieder aufmachen.

Nach diesem Tag möchte ich mich einfach nur noch an die strahlenden Kinderaugen erinnern ...

## 7. Mai 2020

Als ich gerade nach Hause kam, fuhren mindestens zehn Kinder mit ihren Fahrrädern vor meinem Haus. Als sie mein Auto sahen, kamen sie alle schnell angefahren. Die Kinder machen sich scheinbar nichts aus der Kontaktbeschränkung, sie waren zu lange isoliert. Die Fahrräder kannte ich auch – sie waren aus der Arche. Kurzer Small Talk mit den Kids und schnell ins Haus, denn je länger ich unten stand, umso mehr Kinder kamen. In der gesamten Coronazeit habe ich so viele Kids auf einmal noch nicht gesehen. Es war ein wenig wie in der Anfangszeit der Arche, als ich noch auf die Spielplätze ging, um mit den vielen Kindern zu spielen, die den ganzen Nachmittag über allein waren. Damals klingelte es oft an meiner Tür und wildfremde Kinder fragten, ob ich Bernd sei. Sie wollten mich abholen, da sie gehört haben, dass ich immer auf die Spielplätze gehe. Dadurch ist die Arche in der Vergangenheit stark gewachsen. Kommt jetzt die Arche 2.0?

Heute haben wir wieder knapp 200 Familien in Marzahn/Hellersdorf besucht und natürlich an unseren anderen Standorten auch. Teilweise mit Lebensmitteln, Bastelmaterial zum Muttertag und einer Kerze und Karte für alle Muttis. Wir wollen damit alle Mütter aufbauen, besonders die, die es schwer haben. Leider musste ich auch mit Kindern ein paar sehr ernste Worte sprechen, weil sie sich ihren Eltern und vor allem den Hausaufgaben verweigern. Da sie aber wissen, dass ich sie von ganzem Herzen liebe, kamen schon am Abend die ersten Resultate. Leider habe ich auch schon von den ersten Kindern gehört, dass sie in der Schule gar nicht mehr klarkommen. In dieser Woche gingen ja schon einige Kids zur Schule. Sie konnten nur schwer verstehen, warum sie nicht neben ihren Freunden sitzen dürfen und so viele Regeln herrschen. Es wird noch dauern, bis unsere Kids ihren Weg gefunden haben, aber hoffentlich gibt es irgendwann wieder ein normales Leben.

### 27. Mai 2020

Es tut so gut, jeden Tag wieder Kinder in der Arche zu haben – ich kann das gar nicht oft genug sagen. Heute bin ich auf unseren Hof, hab mir einen Roller geschnappt und einige Kids sind mit mir um die Wette gefahren. Das breite Grinsen auf den Gesichtern war der Ausgleich dafür, dass wir uns nicht in den Arm nehmen dürfen. Es ist ein Gefühl, das man nicht beschreiben kann. Klar wäre es schöner, wenn alle auf einmal kommen dürften, trotzdem ist es ein gelungener Anfang. Allerdings gibt es immer noch viele Herausforderungen, die Corona, das eingeschränkte Schulsystem und die Unterstützung der Familien schwierig macht. Gerade versuche ich Stiftungen und Organisationen zu finden, die uns helfen, besser und effektiver technisch ausgestattet zu sein, um das digitale Lernen voranzubringen. Dies bedeutet viele Laptops oder Computer, die wir an unsere Kinder verleihen, damit sie den Voraussetzungen und Erwartungen der Schulen entsprechen können. Auf der anderen Seite auch unsere Pädagogen so auszustatten, dass sie von überall das Homeschooling unterstützen können. Ich bin sehr froh, dass ich hierbei die ersten Erfolge bei den Verhandlungen verzeichnen und einige Arche-Einrichtungen und deren Kinder entsprechend ausstatten kann. Auch nach 25 Jahren Arche-Leben gibt es immer noch neue Wege und Aufgaben, die wir beschreiten und meistern müssen. Aber jedes Lächeln unserer Kinder bringt die Motivation, auch scheinbar Unmögliches möglich zu machen.

### 4. Juni 2020

Es sind nur ein paar Inliner, ein Fahrrad, ein Roller oder nur Rollschuhe, doch sie bewirken so viel. In den letzten Wochen haben wir unsere Sporthalle und unsere Lagerräume leer gemacht. Alle rollenden Sportgeräte, die sonst von unseren Besuchern auf dem Arche-Hof benutzt werden, haben wir in die Familien gebracht, damit die Kids sich bewegen und auf gute Gedanken kommen. Einige von ihnen haben bis zu 10 Kilo zugenommen, denn falsche Ernährung und Bewegungsmangel ist schlecht für die Figur, das wissen wir Erwachsenen am besten. Die Kinder sind glücklich mit ihren fahrbaren Untersätzen und nicht aufgrund ihres finanziellen Mangels ausgegrenzt. Sie fühlen sich nur durch den Besitz dieser Gebrauchsgegenstände wertgeschätzt und Bewegung macht nun endlich doch

Spaß. Bei der Übergabe von Skatern und Co. waren Eltern wie Kinder begeistert. „Ich kenne keinen Menschen, der so liebevoll ist wie du", sagte mir eine 16-Jährige. Etwas, das auch meine Mitarbeiter*innen in diesen Tagen häufig hören. Wir denken an sie, allein das macht den Unterschied für Menschen, nach denen nicht oft gefragt wird.

Die wenigen Kinder, die heute in die Arche kommen durften, wollten unbedingt mit mir Beachvolleyball spielen. Diese Sportart funktioniert glücklicherweise auch mit Abstandsregeln. Ja und wir hatten unglaublich viel Spaß, neben dem vielen Sand in den Hosen. Glückliche Momente, die das Leben verbessern und verändern. Kleine Gesten, die Großes bewirken.

### 14. Juni 2020

Als wir am Freitag noch einmal alle Familien besucht haben, gab es neben den Lebensmitteln diesmal eine besondere Wochenend-Challenge für die ganze Familie. Mit freundlicher Unterstützung der Firma Iglo bekamen alle Grießbrei, Milch und Karamelsoße. Die Aufgabe, die vom Iglo-Chefkoch persönlich über Video mitgeteilt wurde, hieß: Koche den Grießbrei und richte ihn ganz besonders an. Jeder konnte dann nach eigenen Vorstellungen Honig, Zucker, Zimt und Früchte hinzugeben und eine ganz besondere Kreation herrichten. Bereits seit Freitag trudeln bei uns die Fotos ein und es ist bewundernswert, mit wie viel Hingabe, Kreativität und Begeisterung die Kinder samt Eltern dabei sind. Vielleicht möchte jeder den besonderen Preis gewinnen, jedoch glaube ich, dass bei allen der Spaß im Vordergrund steht. So viele lächelnde Gesichter, trotz Covid-19 und so manch anderer Probleme – an diesem Wochenende war gemeinsames Kochen angesagt. Wir sind so froh, dass die verschiedenen Aufgaben so gut ankommen, die Familien immer mehr zusammenwachsen und das Beste aus dieser Krise machen. Für unsere Mitarbeiter bedeutete das, beruhigt ins Wochenende zu gehen, weil sich der Einsatz und die Mühe gelohnt haben. Aber wer wird wohl gewinnen?

## 6. Juli 2020

Neue Woche – neues Glück? Nun ja, heute Morgen wurde das Glück ein wenig getrübt, als ich las, wie viele Kinder in Berlin tatsächlich in Obdachloseneinrichtungen leben müssen. Dabei dürfen Kinder offiziell gar nicht in solchen Einrichtungen untergebracht werden. Ich will nicht werten, warum die Familien dort untergebracht sind, aber ich finde es erschreckend, traurig und es macht mich zugleich wütend. So etwas dürfen wir definitiv nicht zulassen. In einigen Obdachloseneinrichtungen besuchen wir auch wöchentlich die Kinder und Familien. Bringen Lebensmittel und Beschäftigungsmaterial. Dennoch genießen die Kinder dort mehr unseren Besuch als das mitgebrachte Spielzeug. In der Arche selbst war es natürlich cool. Hier haben die Kinder ihr zweites Zuhause und müssen sich nicht, zumindest eine Zeit lang, mit irgendwelchen existenziellen Sorgen auseinandersetzen. Eine Gruppe von Kids war heute wieder beim Geocaching, einige andere spielten auf dem Hof und wieder andere sausten mit den Kettcars übers Gelände. Drei Mädchen, die schon lang nicht mehr da waren, habe ich erst mal in unsere Schatzkiste geschickt, um sich neu einzukleiden. Allein ihre Schuhe waren der Grund, der mich dazu trieb. Sie waren so glücklich mit Kleidern, Hosen, Jacken, T-Shirts und Schuhen, dass sie mir heute Abend noch einmal ihre Freude per Whats-App schrieben. Ein weiterer Grund zur Freude war eine Spende eines befreundeten Ehepaares. Sie spendeten 500 Euro für einen zusätzlichen Ausflug. Wie schön, da es doch kein großes Sommercamp in diesem Jahr gibt. Im Livestream durften die Kinder Vorschläge machen, welchen Ort

sie gern besuchen möchten. Es sollte allerdings etwas sein, wo sie noch nie waren. Es
kamen viele tolle Vorschläge, aber das Ren-
nen machte eine ganz besondere Location.
Unsere Kids möchten ins Spreewaldbad. In
Lübbenau, etwa 50 Kilometer von unserer
Arche entfernt, kann man nämlich neben
Pinguinen schwimmen. Juup, gewonnen.
Da fahren wir dann demnächst hin. Jetzt
müssen nur noch die Kinder ausgewählt
werden. Nicht ganz einfach, aber wir hof-
fen, dass so eine Möglichkeit mal wieder
kommt. Wir sind dankbar und freuen uns
für unsere Kinder, in die wir gern investieren.

## November 2020

Leider treten schon wieder neue Regelungen in Kraft. Ab sofort dürfen wir in unseren Berliner Einrichtungen nur noch ein Kind pro Mitarbeiter empfangen. Ich male mir schon gar nicht mehr aus, was das mit unseren Familien macht. Ich weiß nur, dass wir hierdurch immer mehr Arbeit haben. Jetzt muss es uns gelingen, die wenigen Kids zu beschäftigen, schulische Hilfen online anzubieten, Hausbesuche zum moralischen Aufbau, plus Auslieferung der Lebensmittel. Der Tag hat leider nur 24 Stunden. Ich will nicht klagen, doch leider wird es immer herausfordernder.

Neben all den Kita-Erzieher*innen setzen wir uns auch dem Ansteckungsrisiko aus, dennoch wissen wir, wie wichtig es ist, zu den Menschen zu stehen, die gerade jetzt unsere Unterstützung brauchen. Wir sind da. Telefonisch, persönlich, moralisch, fördernd, unterstützend und mit einem Herzen voll Liebe. Wir heben den Kopf hoch, um denen, die uns folgen, Vorbild zu sein.

## *Dezember 2020*

Gerade jetzt brauchen wir Zusammenhalt und keine Resignation. Heute müssen wir alle näher zusammenrücken, trotz Mindestabstand. Wir brauchen mehr Verständnis füreinander, müssen die Menschen mehr wertschätzen, die sich aufgrund ihrer Arbeit und Aufgabe dem Ansteckungsrisiko immer wieder aussetzen. Wir tragen nicht nur für uns Verantwortung, sondern auch für unsere Mitmenschen. Egoismus ist gerade völlig fehl am Platze. Solidarität ist das, was wir brauchen. Verständnis für Friseure, Pflegekräfte, Erzieher*innen, Mittelstand, Kinder und so viele andere. Wer möchte heute in der Haut von Politikern und Entscheidungsträgern stecken? Wir können klagen und haben gut gemeinte Ratschläge, nur was hilft es, wenn wir diese nicht teilen?

Vor mehr als 70 Jahren hat eine gebeutelte Generation dieses Land wieder aufgebaut. Es steckt also der Pioniergeist in unseren Genen. Ist es also nicht möglich, näher zusammenzukommen, um einander zu unterstützen, zu teilen, mitzudenken und vor allem zu handeln? Natürlich können wir fragen: Wie denn? Ein Anruf bei der Nachbarin zur Unterstützung beim Homeschooling, Einkauf für eine Risikogruppe, ermutigende Worte für die Kassiererin, Petitionen, konstruktive Vorschläge für das Schulsystem, politische Gremien und Unterstützung der kleinen Händler und der Gastronomie. Auch wenn das jetzt sehr krass klingt, aber wir sind ein Volk. Häufig leider geprägt von Egoismus; aber mit den Genen unserer Ahnen, unserem Glauben und bewusster Überwindungskraft können wir gemeinsam, auch für die Abgehängten, diese Krise meistern. All das hilft unserem Land und unserem eigenen Wohlbefinden, denn geteiltes Leid ist bekanntlich halbes Leid.

## 4. Die unmittelbaren Folgen von Corona für die jüngere Generation

Junge Menschen klagen in der Corona-Zeit über psychische Probleme, Vereinsamung und Zukunftsängste. Das gilt besonders für diejenigen Familien, die von finanziellen Sorgen und Problemen geplagt sind. Von der großen Politik fühlen sie sich im Stich gelassen. Dabei sind sowohl materielle Unterstützung als auch eine stärkere Beteiligung von Jugendlichen vonnöten. „Corona hat die Probleme zahlreicher junger Menschen verstärkt. Die Pandemie zeigt wie unter einem Brennglas die schon länger bestehenden Defizite in der Kinder- und Jugendpolitik. Es ist dringend nötig, die Sorgen der Jugendlichen ernst zu nehmen und zu adressieren", sagt der Vorstand der Bertelsmann Stiftung, Jörg Dräger.[*]

---

[*] https://www.bertelsmann-stiftung.de/de/themen/aktuelle-meldungen/2021/maerz/jugendliche-fuehlen-sich-durch-corona-stark-belastet-und-zu-wenig-gehoert

„Die negativen Auswirkungen der Pandemie auf die Lebensumstände zeigen: Junge Menschen brauchen Möglichkeiten für eine breite und kontinuierliche Beteiligung in allen sie betreffenden Bereichen", betont die Sozial- und Organisationspädagogin Tanja Rusack von der Universität Hildesheim. Bereits vor der Pandemie hatten Wissenschaftler in der Studie „Children's Worlds+" dargelegt, dass sich ein großer Teil der jungen Menschen nicht ernst genommen und unzureichend beteiligt fühlt. Das Jugendhearing des Bundesfamilienministeriums oder ein bereits geforderter Kindergipfel seien richtige Signale aus der Politik, so Jörg Dräger. Weiter heißt es von ihm: „Bei der Beteiligung von Jugendlichen darf es keine Alibi-Formate geben. Vielmehr müssen den Gesprächen Angebote folgen, wo und wie junge Menschen konkret mitentscheiden und Verantwortung übernehmen können." Das ist gerade wichtig in Pandemie-Zeiten.

Um die Belange der Kinder und Jugendlichen systematisch zu stärken, muss die Politik zeitnah eine repräsentative, umfassende und regelmäßige Bedarfserhebung für und mit der jungen Generation einführen und finanzieren. Der aktuelle Zeitpunkt ist ideal, um die durch den kollektiven und lange während Ausnahmezustand verursachten und verschärften Probleme zu identifizieren und geeignete Lösungen zu erarbeiten. „Eine solche Bedarfserhebung muss mit jungen Menschen entwickelt und durchgeführt werden und dabei besonders die Kinder und Jugendlichen in prekären Lebensverhältnissen erreichen", sagt die Kindheits- und Familienforscherin Johanna Wilmes von der Johann Wolfgang Goethe-Universität Frankfurt.

Wie wichtig gezielte Maßnahmen sind, um die materielle Situation von Kindern und Jugendlichen aus benachteiligtem Umfeld zu verbessern, unterstrich der im Juli 2020 von der Bertelsmann Stiftung veröffentlichte „Factsheet Kinderarmut"*. Diesem zufolge waren in

---

\* https://www.bertelsmann-stiftung.de/de/publikationen/
publikation/did/factsheet-kinderarmut-in-deutschland

Deutschland schon vor der Pandemie mehr als ein Fünftel aller Kinder und Jugendlichen unter 18 Jahren von Armut bedroht.

Die Corona-Pandemie stellt die jungen Menschen in Deutschland vor große Herausforderungen. 61 Prozent von ihnen, das ergab die genannte Untersuchung der Bertelsmann Stiftung, gaben an, sich teilweise oder dauerhaft einsam zu fühlen. 64 Prozent stimmen zum Teil oder voll zu, psychisch belastet zu sein. 69 Prozent sind, und sei es nur zum Teil, von Zukunftsängsten geplagt. Zudem gibt ein Drittel der Jugendlichen – genau waren es 34 Prozent – an, finanzielle Sorgen zu haben. Vor Corona waren es nur 25 Prozent. Auffällig bei dieser Studie war, dass die jungen Menschen mit Geldsorgen öfter Zukunftsängste äußern und sich häufiger psychisch belastet und einsam fühlen als andere Kinder und Jugendliche. Das geht aus den beiden Befragungen „Jugend und Corona" hervor, die von den beiden Universitäten Hildesheim und Frankfurt am Main durchgeführt und in Kooperation mit der

Bertelsmann Stiftung vertiefend, so heißt es, ausgewertet worden sind.[*]

Angesichts der großen Belastungen wären Aufmerksamkeit und Unterstützung für die junge Generation entscheidend. Doch genau das vermissen sie wohl. 65 Prozent der befragten Jugendlichen gaben während des zweiten Lockdowns im November 2020 an, dass ihre Sorgen eher nicht oder überhaupt nicht gehört werden. Das ist ein deutlicher Anstieg im Vergleich zur Befragung vom April und Mai 2020, bei der immerhin schon 45 Prozent diesen Eindruck äußerten.

Vor allem möchten die jungen Menschen nicht auf ihre Rolle als Schüler*innen, Auszubildende oder Studierende in der Corona-Zeit reduziert werden. Dass besonders die finanziell benachteiligten Kinder und Jugendlichen z. B. keine Laptops, Computer oder Tablets hatten, um Hausarbeiten für die Schule zu machen, keine Kontakte zu Freundinnen oder Freun-

---

[*]  https://www.bertelsmann-stiftung.de/de/publikationen/publikation/did/factsheet-kinderarmut-in-deutschland

den hatten und vieles mehr, das wurde kaum thematisiert. Übrigens gehen 58 Prozent der Befragten davon aus, dass ihre Wünsche und Belange den Politiker*innen nicht wichtig seien. Genauso viele der Befragten gehen erst gar nicht davon aus, dass junge Menschen ihre Ideen in die Politik einbringen können.

Eine interessante Studie gab es auch in Österreich. Die Volkshilfe Österreich hat im Jahre 2020 eine Umfrage unter armutsbetroffenen Familien in ganz Österreich durchgeführt. Die Ergebnisse zeigen eine eklatante Verschlechterung der Lebensqualität von armutsbetroffenen Familien in Zeiten der Pandemie. Die Organisation wollte wissen, wie es armutsbetroffenen Familien und ihren Kindern gerade geht. Der Direktor der Volkshilfe, Erich Fenninger, war über die Ergebnisse erschüttert. Besonders darüber, wie die Familien ihre eigene Situation einstufen.

50 Prozent der Befragten haben ihre aktuelle Lebensqualität in Zeiten von Covid mit der nicht zufriedenstellenden Schulnote 4 bis 5

bewertet. Vor Corona hat keine dieser Familien ihre Lebensqualität mit einer Fünf und nur sieben Prozent mit einer Vier benotet. Mehr als drei Viertel aller Befragten gaben an, sich jetzt noch mehr Sorgen über die Zukunft zu machen. Über die Hälfte aller Eltern gaben an, dass ihre Kinder in der Schule nicht gut abschließen werden. Bei über der Hälfte der befragten Familien hat sich die finanzielle Situation zuletzt verschlechtert. Das ist ganz besonders tragisch, da ihr Einkommensniveau schon vor Corona unter der Armutsgefährdungsschwelle lag.

Auf die Frage, ob und wie sich die Emotionalität ihrer Kinder in der Corona-Zeit verändert hat, gab die Hälfte der Eltern an, dass ihre Kinder trauriger (74 Prozent), einsamer (57 Prozent) oder aggressiver (53 Prozent) waren als zuvor.

Aus der Kinderarmutsforschung ist bekannt, dass armutsgefährdete Kinder multiple Benachteiligungen erfahren. Sie haben weniger soziale Kontakte, sind häufiger psychisch belastet und erleben den Schulbetrieb als herausfordernd.

Rund zwei Drittel aller Betroffenen, die befragt wurden, beschrieben die Situation, dass ihre Kinder während der Krise nicht mehr in die Schule beziehungsweise den Kindergarten gehen konnten, als sehr bis ziemlich belastend. Viele berichteten von finanziellen Problemen wegen der Mehrkosten durch das Homeschooling. Neben den bekannten Herausforderungen, wie fehlende Laptops oder Internetzugang sowie Mangel an Lernraum, sprich ein eigenes Zimmer, betonten 58 Prozent, dass ihnen schlicht das Wissen fehle, um ihren Kindern bei den Aufgaben zu helfen. Das verweist übrigens auf den Zusammenhang zwischen Armut und Bildung.

Vor allem wurden die Kinder mit besonderen Bedürfnissen vergessen. Bei den geführten Interviews klagten mehrere Eltern, dass auf Kinder mit Lernschwächen, ADHS, Legasthenie oder Dyskalkulie keine Rücksicht genommen wurde. Für die Förderung von Kindern, die spezifische Bedürfnisse haben, gibt es spezielle Fachkräfte. Das alles an die Eltern auszulagern, kann schlichtweg selbst unter besten Voraussetzungen nicht funktionieren. Hier wurden Kinder und ihre Eltern alleingelassen.

Doch kommen wir zurück zu der bereits erwähnten Studie der Bertelsmann Stiftung. Lehrerinnen und Lehrer, die Kinder aus sozial benachteiligten Familien nicht mehr erreichen konnten, Kinder, die nicht am digitalen Unterricht teilnehmen konnten, weil ihre Eltern zu arm waren, um einen Computer zu kaufen: Das alles war im ersten, zweiten und dritten Lockdown normal. Die Corona-Krise lässt ungelöste strukturelle Probleme sichtbar werden. Hier noch einige Beispiele aus der Untersuchung der Bertelsmann Stiftung:

Fast die Hälfte der Kinder in Armut lebt in Wohnungen mit zu wenigen Zimmern und viel zu wenig Platz. Diese Erfahrungen mussten wir ja leider auch in der Arche sammeln. Jedes vierte Kind hat bis heute oder hatte während der Lockdowns keinen Computer oder kein Internet zur Verfügung. Jedem siebten Kind fehlt in unserem Land ein ruhiger Ort zum Lernen und zum Zurückziehen. Unterricht ohne den Ort Schule ist für diese Kinder nicht möglich. Damit einher gehen zahlreiche weitere Einschränkungen. Dazu gehören oft fehlende Möbel, ein fehlendes Auto oder andere Dinge. Was noch dazukommt: Fast keines dieser Kinder war jemals in einem Restaurant, Kino, Theater oder Urlaub.

Die Lage dieser Familien mit ihren Kindern wird sich in naher Zeit noch zuspitzen, heißt es in der Studie: Die durch die Corona-Krise ausgelöste Rezession werde zahlreiche bereits finanziell schlechter gestellte Familien erst richtig in die Armut treiben. So werden weitere Spannungen in den Familien aufgebaut. Lebensmittel sind bis zum Juni 2021 um bis zu 30 Prozent teurer geworden. Vor allen Alleinerziehende und kinderreiche Familien wird das besonders hart treffen.

Rund 20 Prozent der Familien mit drei oder mehr Kindern beziehen Sozialleistungen. Bei

Alleinerziehenden mit mindestens drei Kindern sind es sogar zwei Drittel. Die Armut steigt also mit der Kinderzahl.

53 Prozent ist der Anteil der Alleinerziehenden unter den Familien, die Sozialhilfe beziehen, obwohl insgesamt nur ein Fünftel der Eltern in Deutschland alleinerziehend sind.

Ihr Armutsrisiko ist um ein Vielfaches höher und sie sind noch weitaus abhängiger von der Kinderbetreuung als Familien mit zwei Elternteilen. Nur mit einer Kita oder der Schule haben sie die Chance, arbeiten zu gehen. Ab 2025 soll es einen Rechtsanspruch auf Ganztagsbetreuung im Grundschulalter geben. Das hätte berufstätigen Alleinerziehenden während des Corona-Lockdowns eher nicht geholfen, weil Schulen und Kindergärten geschlossen waren. Wann wirklich langfristig alles wieder normal laufen wird, das hängt vom Infektionsgeschehen ab.

Kinderlose Familien in vergleichbarer finanzieller Situation sind besser gestellt, daran ändern auch Kindergeld und andere familienfördernde Maßnahmen nur wenig. Mit dem Starke-Familien-Gesetz ist das Bundesfamilienministerium im vergangenen Jahr angetreten, um mehr Gerechtigkeit auszuüben. Dabei ging es vor allem darum, Bildungsangebote auszubauen und Teilhabechancen zu erhöhen. Kritiker, wie die Autoren der Bertelsmann Stiftung, finden das unzureichend und fordern eine sogenannte Kindergrundsicherung und ein Teilhabegeld statt einer Berücksichtigung der Kinder innerhalb unseres Sozialsystems. Wichtig ist hierbei, dass Kinder selbst einen Anspruch auf finanzielle Unterstützung haben, wie zum Beispiel bei der Kindergrundsicherung. Das Kindergeld wird ja den Eltern zugerechnet. Eine Kindergrundsicherung zum Beispiel von monatlich sechshundert Euro, die Hälfte davon wird an Schulen und Kitas zur individuellen Förderung der Kinder überwiesen, der Rest an die Kinder, wäre sicher eine gute Lösung und würde vor allem den Kindern helfen.

Eine weitere Zahl ist bemerkenswert. Zwei von drei armen Kindern sind nicht nur kurzzeitig in finanzieller Not, sondern mindestens fünf Jahre ihrer Kindheit. Jedes zweite dieser Kinder macht sich Sorgen darüber, wie viel Geld seine Familie hat. Und das in einem reichen Land wie Deutschland.

Schon beim ersten Lockdown im Frühjahr 2020 gab es große Sorgen vor einem Anstieg der häuslichen Gewalt. Das ist auch immer noch der Fall. Der Kinderschutzbund berichtet, dass die Anrufe von Kindern beim Hilfetelefon „Nummer gegen Kummer" deutlich zugenommen haben. Das liegt sicher daran, dass Kinder monatelang zu Hause sein mussten und keine Chance auf ein Entkommen hatten. So warnt das UN-Hilfswerk Unicef angesichts vielfältiger Einschränkungen im medizinischen und sozialen Bereich mit weltweitem Blick vor einer verlorenen Covid-Generation.[*] Je länger die Krise dauere, desto gravierender seien ihre Auswirkungen auf Bildung, Gesundheit, Ernährung und Wohlbefinden.

[*] https://www.aerztezeitung.de/Panorama/Unicef-warnt-vor-verlorener-Generation-wegen-Corona-414845.html

## 5. Kinder und politische Veränderungen

Auch wenn mir bewusst ist, dass Politik nur Rahmenbedingungen schaffen kann, frage ich mich doch oft, welchen Stellenwert unsere Kids eingeräumt bekommen.

Corona hat deutlich gezeigt, wie sehr oder wie wenig Kinder im Fokus stehen. Die Politik ist in meinen Augen zu weit weg von der Realität, insbesondre von den benachteiligten Kindern. Die Meisten können sich nicht vorstellen, wie viele Familien auf Hartz IV-Niveau leben müssen.

Im Jahr 2020 hat die Arche den 24. November als „Aktionstag gegen Kinderarmut und Ausgrenzung" ausgerufen. Ziel dieses Tages soll zukünftig sein, auf Kinder aufmerksam zu machen, die es in unserer Gesellschaft nicht so einfach haben. Auf einer Website, die extra für diesen Aktionstag gestaltet wurde, werden politische Forderungen gestellt.

Auf der einen Seite eine Grundsicherung für Kinder von monatlich etwa 600 Euro. Hiervon soll die Hälfte direkt in die Familie gegeben werden, um allen Kindern bessere Entwicklungsmöglichkeiten zu schaffen. Die anderen 300 Euro sollen direkt ins Bildungssystem fließen, um hier Kitas, Schulen und Bildungsstätten so zu formen, dass jedes Kind in Deutschland die gleichen Chancen hat. Die letzten Monate haben gezeigt, wie stark viele Kinder in ihrer Entwicklung zurückgefallen sind. Die Unterstützung von Lehrern, Eltern und Schülern hat so zu wünschen übriggelassen, dass wir von total abgehängten Kindern reden, die nie ohne zusätzliche Unterstützung den Anschluss schaffen können. Die Folgen sind fatal. Die Gesellschaft kann es sich definitiv nicht leisten, noch mehr funktionale Analphabeten zu schaffen. Die Vererbung von Armut wird so eher noch vergrößert. Natürlich ist Geld kein Allheilmittel, dennoch braucht es neue Wege, um gerade den Kindern zu helfen, die sich außerschulische Hilfen nicht leisten können.

Die Bildung unserer Kinder ist abhängig vom Einkommen der Eltern: Kinder sind mittlerweile ein unkalkulierbares Armutsrisiko. Corona hat dies sogar massiv gefördert.

Des Weiteren wird an diesem Aktionstag darauf hingewiesen, dass Kinderrechte ins Grundgesetz gehören. Nicht um die Verantwortung der Eltern zu beschneiden, sondern um die junge Generation besser zu schützen und zu fördern.

Ein Beispiel: Wäre das Recht auf Bildung mit allen Facetten im Grundgesetz verankert, könnten Eltern klagen, wenn Unterricht in der Schule ausfällt. Gerade in Ballungsgebieten, in denen Lehrer*innen einem hohen Stresspegel ausgesetzt sind, kommt es automatisch zu Unterrichtsausfällen. Wie können denn unter diesen Voraussetzungen gerade schwache Schüler entsprechend gefördert werden? Sie werden so eher zu Versagern erzogen, die sie aber definitiv nicht sind.

Ich bin immer noch davon überzeugt, dass Lehramtsstudierende helfen könnten, die durch Corona bedingten Lernschwierigkeiten zu kompensieren. Aber je mehr Zeit ins Land geht, umso unwahrscheinlicher wird es, dass die vielen abgehängten Schüler wieder ins „normale" System eingegliedert werden können.

Kinder sind ein wichtiger Bestandteil der Gesellschaft. Leider fühlen sich viele von ihnen von der Politik vergessen. Am Ende dieses Kapitels werde ich einige Äußerungen von Kindern zitieren, die ich während des Lockdowns vernommen habe. Die politische Klasse sollte sie nicht überhören. Kinder brauchen Stimmen, die sich für ihre Rechte einsetzen. Stimmen, die sie und ihre Bedürfnisse kennen und entsprechend Entscheidungen treffen. Gremien, die nur im Blick haben, die Kosten in Grenzen zu halten, sind da weniger zielführend.

Kinder haben Wünsche und Träume, eigene Vorstellungen und Ideen, die den Blick eines Kindes widerspiegeln. Doch leider werden sie viel zu selten gehört.

Nicht alle Kinder haben Eltern, die selbst schon von einem guten Bildungssystem profitieren konnten oder die über hervorragende Deutschkenntnisse verfügen. Darf man die Kinder, bei denen sich die Lebenssituation ganz anders gestaltet, dafür bestrafen oder sie sogar vergessen? Natürlich kosten Kinder Geld, doch werden sie nicht eines Tages die geleistete Investition mannigfaltig an die Gesellschaft zurückzahlen? Wenn sie zu gesellschaftsfähigen und gebildeten Erwachsenen heranreifen konnten, werden sie das auf jeden Fall leisten können.

Wir alle, aber vor allem auch die Politik, müssen uns der Kinder annehmen, um nicht eines Tages unterzugehen.

Arme Kinder sind schon lange keine Randgruppe mehr. Sie stellen jedoch gleichzeitig eine Chance oder eine Gefahr dar. Was mit ihnen geschieht, wie sie sich entwickeln, welche Herausforderungen und Möglichkeiten sie zukünftig darstellen, haben wir in der Hand.

Jeder von uns kann sich für ein Kind einsetzen oder auch Druck auf die Politik ausüben, damit sie das Kind im Blick hat. Schweigen heißt, den Zustand zu billigen. Die Folgen können die Gesellschaft hart treffen und sich vielleicht stärker ausbreiten als das Virus Covid 19.

Geben wir unseren Kindern die besten Entwicklungschancen und wir werden in eine sichere Zukunft gehen. Das heißt aber, heute alles zu investieren und zu ermöglichen.

Unsere Kinder werden uns das alles danken.

**Einige Zitate unserer Kinder während der Pandemie:**

> „Ich hasse CORONA. Wenn mir CORONA begegnet, bekommt es eine Bombe. Dann hat CORONA Respekt."
> *Damian, 11 Jahre*

> „Ich mag eigentlich die Schule nicht. Aber ich will wieder zur Schule. Meine Mama ist keine Lehrerin und ich möchte meine Freunde wieder sehen."
> *Emmi, 8 Jahre*

„Wenn die Arche nicht bald wieder auf-
macht, bringe ich mich um."
*Serena, 11 Jahre*

„Manchmal wussten wir nicht, wie wir mit
dem Geld den ganzen Monat hinkommen
sollten, aber die Arche hat uns immer
Lebensmittel gebracht."
*Sina, 13 Jahre*

„Meine Tochter war die ganze Nacht nicht
zu Hause. Sie hielt die Isolation nicht
mehr aus. Jetzt suchen wir sie mit der
Polizei."
*Mutter einer 8-jährigen Tochter*

„Warum können sich die Menschen nicht
an die Abstandsregeln und die Masken-
pflicht halten, doch nur für ein paar
Monate? Sie setzen unser Leben aufs
Spiel. Deshalb werden wir noch länger
eingesperrt sein."
*Lisa, 13 Jahre*

„Ich will meinen Geburtstag mit meinen Freunden feiern."
*Tommy, 9 Jahre*

„Nächstes Jahr lade ich alle meine Freunde zu meinem Geburtstag ein.
Sch... Corona. In diesem Jahr durfte ich niemanden einladen."
*Olli, 8 Jahre*

„Ich mach nichts mehr für die Schule. Bringt doch eh nichts."
*Samy, 9 Jahre*

„Warum fragt man uns eigentlich nicht, ob wir in die Schule wollen? Warum werden wir denn nicht angehört?"
*Steve, 12 Jahre*

„Ich bin froh, dass ich nicht zur Schule muss, dann kann ich zocken, so viel ich will."
*Ahmed, 12 Jahre*

„Ich hab Angst, an CORONA zu sterben."
*Jenny, 6 Jahre*

„Ich will endlich wieder zu Oma und Opa."
*Jasmin, 10 Jahre*

„Ich habe von meiner Lehrerin sechs Wochen nichts mehr gehört."
*Sandy, 9 Jahre*

„Es ist toll, dass ich jeden Tag mit der Arche Hausaufgaben machen kann. Ein Mitarbeiter hat gesagt, wie konzentriert und ruhig ich gearbeitet habe, das hat mich riesig gefreut."
*Max, 10 Jahre*

„Warum muss ich mich in der Schule testen lassen und anschließend im Unterricht trotzdem die ganze Zeit eine Maske tragen?"
*Mira, 11 Jahre*

## 6. Familienhilfe
## ganz konkret

### Nur ein paar Zigarettenstummel

In den ersten Monaten der Pandemie hatten meine Mitarbeiter\*innen und ich häufig einen extrem langen Arbeitstag. Der Wechsel zwischen Hausbesuchen, virtuellem Nachhilfeunterricht, Videoshow und Präsenz in der Arche war oft eine Mammutaufgabe. Bis heute türmen sich die Probleme der Familien und viele sind mittlerweile schon depressiv und hoffnungslos geworden. Es sind so viele Dinge passiert, die man kaum verarbeiten kann.

Eltern am Rande der Verzweiflung und Kinder mit ständigen Tränen in den Augen. Auch im Lockdown waren wir nicht nur einmal in Wohn- und Kinderzimmern, immer dann, wenn es bei den Menschen innerlich gekocht hat und sie kurz vor der unkontrollierten Explosion standen.

Ich erinnere mich an eine Situation, als eine Sozialarbeiterin und ich um Hilfe gebeten wurden. Eine Mutter hatte extrem Stress mit ihrer 15-jährigen Tochter. Was auch immer vorher passiert war, die Mutter bat um schnelle Hilfe. Es war der erste Lockdown. Alles war geschlossen, selbst Notfalltelefonnummern des Jugendamts waren ständig besetzt. Es waren keine Besuche erlaubt und auch wir brachten Lebensmittel an die Haustüren unter Einhaltung der 1,5 Meter Abstandsregelung. Doch in diesem Fall mussten wir anders reagieren und die Regeln auf die Seite schieben.

Meine Kollegin und ich fuhren los und wir wussten, dass, wenn hier keine Lösung gefunden wird, es früher oder später knallt. Unsere Vorahnung bestätigte sich schon direkt an der Haustür. Als wir die Klingel drückten, hörten wir bereits den Streit der beiden Kontrahentinnen. Mutter und Tochter attackierten sich ziemlich lautstark. Als die Tür aufging, entschieden wir uns kurzerhand, einzutreten. Damit die Situation nicht weiter eskalierte, ging meine Mitarbeiterin mit der Mutter auf den Balkon. Ich schickte das Mädchen in ihr Zimmer. Dort sprachen wir lang miteinander. Die räumliche Enge, die Kontaktverbote und die Isolation waren für die kleine Familie nicht zum Aushalten. Jedes Wort und jeder ausgesprochene Satz führte beidseitig sofort zu extremen Gefühlsexplosionen. In der Teenagerzeit allein kommt es bekanntermaßen schon häufig zu Gefühlsschwankungen, da braucht es kein Corona. Die erhitzte Stimmung der beiden nahm in den letzten Wochen im Grunde kein Ende. Sie beruhigten sich nicht, da es keinen Streitschlichter gab. Nach unseren intensiven Gesprächen mit Mutter und Tochter trafen wir uns im Wohnzimmer und beratschlagten gemeinsam, wie wir mit einem Masterplan Ruhe zwischen die Parteien bringen. Geteiltes Leid wurde zu halbem Leid. Die 15-jährige Tochter durfte dann bis zur Wiedereröffnung der Schule jeden Tag in der Arche bei der Lebensmittelvergabe an bedürftige Familien helfen. Somit hatte sie eine Aufgabe und konnte anschließend zu Hause viel von ihren Erlebnissen berichten. So entzerrte sich die Gesamtsituation.

Leider klappt es nicht überall so reibungslos, und auf einen Besuch in einer Familie folgen weitere, bis eine Lösung des Problems gefunden ist. Viele Kinder litten unter den Folgen der Dauerisolation, denn gerade wenn viele Kinder in einem Haushalt leben, sind auch die Probleme vervielfältigt. Häufig gibt es dann Streit um das Fernsehprogramm, Spielsachen wollen nicht geteilt werden, die Ordnung im Zimmer lässt zu wünschen übrig oder die Hausaufgaben fordern einen heraus. Die Nerven liegen einfach blank. Jeder geht mit solchen Herausforderungen anders um, deshalb gibt es auch kein Patentrezept bei den Lösungsansätzen. Manchmal habe ich mir in diesen Tagen voller Anspannung mein Fahrrad oder mein Quad geschnappt und bin einfach losgefahren. So hatte ich wenigstens für dreißig Minuten etwas Abwechslung und Entspannung in den Tag gebracht. Doch leider hat der Tag nur 24 Stunden und alle Arche-Standorte zusammen insgesamt 4500 Kinder, somit sind die zahlreichen Probleme nicht im Handumdrehen gelöst.

Bei Johnny, Kevin und Desi war ich sicher jeden zweiten Tag zu Besuch und nicht nur weil es immer mal wieder an Essen fehlte. Die Kinder und auch die Eltern hatten sich daran gewöhnt, dass sie sich bei mir melden konnten, wenn der Schuh drückte, und er drückte sehr häufig. Die drei Kinder waren sehr unterschiedlich und jedes ging mit der Situation anders um. Die Probleme aller waren immer groß, darin waren sie sich einig. Meist schlichtete ich schon am Telefon den Streit oder versuchte zu vermitteln, wenn die 7-jährige Desi förmlich ausrastete. Aber auch der 8-jährige Johnny und der 10-jährige Kevin hatten ihre Aussetzer. Das Resultat nach mehreren Lockdowns waren eine kaputte Tür, eine zerschlagene Scheibe, ein demolierter Schrank, viel Spielzeug, das aus dem Fenster geworfen wurde, zwei Anzeigen wegen Ladendiebstahl und viele andere Böswilligkeiten.

Not macht erfinderisch. Langeweile manchmal auch.

Oft saß ich am Abend im Wohnzimmer und hörte mir die Storys an, die tagsüber ihren Lauf nahmen. Die Eltern am Rande der Verzweiflung und die Kinder, die ihre Ausbrüche immer mit irgendwelchen Ausreden verharmlosen wollten. „Bernd, du glaubst nicht, was die Kinder schon wieder angestellt haben", so begannen die meisten Gespräche.

An einem Nachmittag weinte die Mutter am Telefon und bat mich wieder vorbeizukommen, denn diesmal schien das Problem wohl sehr groß zu sein. Ich war auf alles gefasst, als ich zum x-ten Mal klingelte. Die Kinder waren nicht zu Hause. Trotz Ausgangsverbot waren sie einfach mit den Worten gegangen: „Ihr könnt uns nicht einsperren." Ein Satz, der häufig über die Lippen der Kinder kam, denn in diesem Punkt waren sie sich immer einig. Die Mutter erzählte mir dann unter Tränen vom neuesten „Hobby" ihrer Kids. Die Nachbarin hatte ihr davon berichtet.

Einige Tage zuvor hatten Desi, Kevin und Johnny im benachbarten Geschäft Feuerzeuge gestohlen. Danach sind sie in den Wohnblocks über die Höfe gezogen und sammelten die Zigarettenstummel vom Boden auf. Anschließend wurden sie mit dem Feuerzeug angesteckt und geraucht. Was am Anfang noch relativ eklig schmeckte, bewies sich besonders vor den Augen der Freunde als mutige Tat. So prahlten sie nicht nur mit dieser Aktion vor den anderen, sondern nötigten weitere Altersgenossen, dies auch zu tun. Die drei konnten sehr fordernd und hartnäckig sein. Kein Wunder, dass sich die Eltern der anderen Kinder bei der Mutter beschwerten. Sie war völlig außer sich, konnte aber entsprechende Konsequenzen bei ihren Kindern nicht umsetzen.

An diesem späten Nachmittag suchte ich die Kinder in ihrem Kiez. Sie waren nicht schwer zu finden, denn sie hielten sich nur auf den benachbarten Höfen auf. Freudestrahlend liefen sie mir entgegen, denn sie wussten ja nicht, dass ich nur wenige Minuten zuvor daheim mit ihrer Mutter ein Gespräch geführt und von ihren Schandtaten gehört hatte. Eigentlich spielten sie gerade mit sich allein, denn kein anderes Kind hielt sich in der Nähe auf. Auch nichts von Feuerzeugen oder abgebrannten Zigaretten war zu sehen. Hier waren nur drei Kinder, die mit Corona und den damit verbundenen Einschränkungen nicht klarkamen. Kids, die gern ihre Freunde in der Schule getroffen hätten, die beim Sportunterricht oder in den Pausen ihren körperlichen Ausgleich gefunden hätten. Schüler, die vom Lehrer unterrichtet werden wollten, weil das Homeschooling in ihrem Elternhaus nicht funktionierte. Sie litten unter der Schließung von Spielplätzen und dem Verbot, sich mit Freunden und der erweiterten Familie treffen zu können. Auch darunter, dass sie nicht in der Arche kostenlos zu Mittag essen oder dort die gewohnten Angebote nutzen durften. Die vielen Monate der Einschränkungen hatten Narben an ihren kleinen Seelen hinterlassen. Sie spiegelten mit ihrem Verhalten nur das wider, was auch viele Tausend andere

Kids bewegte. Sie waren gelangweilt, deprimiert, frustriert, wütend und hilflos.

Ganz offen sprach ich sie auf die Zigarettenstummel, den Diebstahl und ihre provokative Verhaltensweise an und schnell merkte ich, dass die Kleinen einfach nicht mehr wussten, was sie machen sollten, und Neugier und Langeweile ihre Antriebsfeder war.

Auf dem Weg nach Hause versprachen sie Besserung, entschuldigten sich bei ihren Eltern jedoch in dem Wissen, dass es immer noch kein Licht am Ende des Tunnels zu sehen gab und auch morgen ein neuer Tag mit neuen Herausforderungen vor der Familie stehen sollte.

Somit blieb es auch nicht mein letzter Besuch und mir ist klar, dass viele Spätfolgen dazu führen werden, dass nicht nur meine Mitarbeiter*innen und ich die vielen überforderten Kinder in Zukunft noch besser begleiten müssen. Psychologen, Erzieher, Lehrer, Ärzte und auch das Jugendamt werden viel mit den Auswirkungen von Covid 19 zu tun haben, denn all das wird nicht spurlos an Men-

schen, die sich schon vor der Pandemie abgehängt fühlten, vorbeigehen.

## Elli hat kaum Chancen

Es ist kurz vor 7.00 Uhr. Normalerweise bin
ich um diese Zeit schon auf dem Weg ins Büro.
Doch heute läuft es etwas anders. Am gestrigen
Abend wurde es spät, da ich sehr lang noch mit
einer alleinstehenden Mutter telefonierte. Sie
wusste nicht mehr weiter. Leider war dies kein
Einzelfall, denn in vielen Familien wurde die
Luft nach oben immer dünner, die Verzweiflung zusehends stärker. Oft musste die Arche
als Feuerwehr ausrücken, um einen schwelen-
den Brand zu verhindern.

Auch an diesem Morgen summte mein
Handy. Eine WhatsApp-Nachricht erschien
auf meinem Display, wie so viele in dieser
Zeit. Meist von Kindern, die Langeweile hatten, schulische Hilfe brauchten oder sich einfach mal etwas von der Seele schreiben wollten.

Diesmal war es eine 17-Jährige, die mir ihr Problem beschrieb: Bernd, wir haben nichts mehr zu essen, kannst du uns bitte heute noch etwas bringen?

Kein „Guten Morgen", kein „Hallo" oder „Hey", wie ich es sonst gewohnt war, nur eine blanke Bitte. Vielleicht sogar ein Hilferuf?

Besagtes Mädchen ist die Älteste von sechs Geschwistern, die mit ihrer Mutter in einer kleinen 4-Zimmer-Wohnung leben. Der Alltag der Mutter wird von Arbeitslosigkeit und vielen Problemen begleitet. Der Vater, der schon vor langer Zeit auf und davon war, hat seine Frau mit vielen Schulden und den Kindern zurückgelassen. Er hat sich nie mehr gemeldet, ist einfach untergetaucht. Schon seit einigen Jahren unterstützt die 17-jährige Elli die Mutter im Haushalt – so gut es nur geht. Dabei blieb die Schule auf der Strecke. Viele Fehltage sammelten sich an und ebenso die schlechten Noten. Ihr Schulabschluss ist in Gefahr. Elli hofft, dass sie aufgrund des Lockdowns vielleicht keine Tests oder Prüfungen mehr schreiben muss und ihren Abschluss einfach so bekommt, aber das ist ein nicht tragfähiger Glaube, so traurig es ist.

Natürlich schreibe ich zurück und plane meine heutige Tour um, damit ich noch bei Ellis Familie vorbeischauen kann.

Noch im Arche-Bus sitzend, schaue ich nicht nur in freundliche und erwartungsvolle Gesichter. Immer wieder kommt es vor, dass ich aus dem Auto steigen will, in beiden Händen die prall gefüllten Lebensmitteltüten, und mich die Rufe von Anwohnern, ganz unvorbereitet, erreichen. Sie stehen auf dem Balkon und pöbeln: „Pack deinen Scheiß wieder ein, die Assis (also die Asozialen) brauchen nichts zum Essen."

Nach zwei Morddrohungen und vielen anonymen Hass-E-Mails habe ich mittlerweile ein dickes Fell und meine Ohren auf Durchzug gestellt. Mir ist bewusst, dass viele Menschen in ihrem Schubladendenken gefangen sind. Ich kenne die vielen Geschichten, die Familien, Mütter und Kinder geprägt haben, und ich

mache keinen Unterschied, ob jemand ver-
schuldet oder unverschuldet in Armut geraten
ist. Denn die Kinder können nichts dafür.

Elli wirkt traurig an der Haustür und ihre
kleinen Geschwister, die sonst freudestrahlend
auf mich zustürmen, wirken teilnahmslos. Sie
dürfen mich nicht mehr in den Arm nehmen,
ich darf ihnen meine Hand nicht reichen und
schon aus diesem Grund habe ich die Maske
einfach abgelassen.

Im Gespräch stellt sich heraus, dass der Tag
nicht nur ohne Lebensmittel beginnen musste.
Glücklicherweise wurde dieses Problem schnell
gelöst. Die Lebensmittel wurden in Empfang
genommen. Was war passiert? Die Kinder hatten um 9.00 Uhr einen Termin an ihrer Schule,
um die Aufgaben fürs Homeschooling abzuholen, denn auf anderem Weg konnten die Aufgaben nicht zugestellt werden, da niemand in der
Familie über eine E-Mail-Adresse, geschweige denn über ein schnelles Internet verfügte.
Pünktlich in der Schule angekommen warteten
die Kids geduldig bis 10.00 Uhr. Immer wieder

klingelten sie beim Sekretariat. Vergeblich. Es war niemand da. Selbst am Nachmittag, als ich meine Lebensmitteltüten zu den Familien lieferte, ging niemand in der Schule ans Telefon.

Der Frust war groß. „Wir wurden schon immer vergessen und müssen allem hinterherlaufen", sagte die Mutter mit Tränen in den Augen. „Keiner kümmert sich um uns. Die Kinder können ohne Laptop, Drucker und Internet nur bedingt etwas für die Schule tun. Ich weiß nicht, wie das weitergehen soll." Der Ärger der Mutter war groß. Die Kinder waren eingeschüchtert. Und auch wenn ich wütend war, denn häufig muss ich erleben, dass solche Familien durchs Raster fallen, versuchte ich ein wenig Hoffnung ins Dunkle zu bringen.

Ich öffnete langsam eine Kiste, in der ich Puzzle, Malen nach Zahlen und anderes Kreativspielzeug eingepackt hatte. Sofort zauberte ich damit allen Familienmitgliedern ein Lächeln ins Gesicht. Wir sprachen noch eine ganze Zeit, versuchten zu lachen und den Ärger zu vergessen. Beim Abschied versprach ich, zwei Lap-

tops zu besorgen, damit das Homeschooling leichter von der Hand ginge.

Nur zwei Wochen später konnten die Kids mit ihren neuen Computern und via Videotelefonie mit den Arche-Mitarbeitenden die schulischen Aufgaben erledigen. Ellis Mama fühlte sich erleichtert, ein Stein ist ihr von der Seele gefallen und Elli selbst hofft immer noch, dass die Prüfungen irgendwie an ihr vorübergehen.

Wir machen weiter.